Vorwort

Liebe Leser,

mein Name ist Wolfgang Pade und Reisen ist meine große
Leidenschaft, bereits mit vierzehn Jahren reiste ich, mit
gleichaltrigen Freunden, allein durch Europa, mit sechzehn
waren alle Länder Europas und Nordafrikas mehrfach besucht.

Egal ob mit dem Zug, Bus, Auto, Motorrad, Flugzeug, Schiff,
Segelboot oder Kreuzfahrtschiff, ich wollte hinaus in die Welt,
um mir diese anzuschauen, es spielte für mich auch keine
Rolle ob ich im Zelt, einem fünf Sterne Hotel oder auf
einem Segelboot, bzw. Kreuzfahrtschiff nächtigte.

Erleben wie es wo anders auf der Welt zu geht, Landschaften
bestaunen, Tiere beobachten und Menschen kennenlernen,
so wie deren Gebräuche, Kulturen und Lebensart zu erkunden.
Das faszinierte mich schon mein ganzes Leben lang, das war
meine Motivation, mein Antrieb, so bereiste ich inzwischen
alle Kontinente, viele ferne Länder, mit fremdartigen Kulturen,
gänzlich anderen Glaubensrichtungen, anderen Lebens-
einstellungen, so wie auch mit deutlich unterschiedlichen,
aber interessanten Essgewohnheiten.

Inzwischen bin ich etwas älter geworden und arbeite
als Ingenieur in einem großen Konzern. Seit dem sieben-
undzwanzigsten Lebensjahr bin ich mit meiner Frau Silvia
verheiratet, gemeinsam haben wir zwei Söhne.

Hier wird das Erlebte auf einer Motorradreise über
die naturschöne griechische Insel Peloponnes und Athen,
aus Sicht des Bikers mit seinem zwölf jährigen Sohn berichtet.

Wir starten in Illingen Württemberg bei Stuttgart und fahren
mit der Honda Transalp zu zweit bis nach Kötschach-Mauthen.
Weiter geht die Fahrt nach Lido di Jesolo, um uns zu erholen
und den Strand zu genießen, so wie die historische Altstadt
von Venedig zu besichtigen. Von dort führt die Tour über
Venedig auf dem Fährschiff zur griechische Insel Peloponnes.
Von Patras fahren wir nach Kastro Kyllini, genießen ein wenig
die griechische Gastfreundschaft u. schauen uns am nächsten
Tag die Hafenstadt Katakolo und das weltberühmte Olympia
mit seinen historischen Ausgrabungen und dem Museum an.
Danach verlegen wir unser Quartier und fahren nach Pylos,
dort genießen wir das herrlich blaue Wasser und die perfekten
Strände, wie z.B. die Navarino Bucht mit Insel und Burgruine.
In Pylos verweilen wir über eine Woche und fahren immer
wieder mal eine Runde in das Inselinnere, um schön essen zu
gehen, Dörfer und Landschaften zu besichtigen. Im Anschluss
reisen wir nach Athen, um die Hafenstadt Piräus und die
Innenstadt von Athen mit der Akropolis anzuschauen.
Nach einer Übernachtung fahren wir wieder nach Kastro
Kyllini , um dort eine weitere Woche zu verbringen und die
naturschöne Insel Peleponnes zu erleben. Letztendlich starten
wir mit der Transalp nach Patras zur Fähre, um dann über
Venedig, Kötschach-Mauthen in unsere Heimat zu fahren.
Der Reisebericht enthält 107 Farbfotos u.
detaillierte Darstellungen der gefahrenen
Strecken auf Landkarten. Ich hoffe sie haben
Interesse bekommen und möchten mein Buch
lesen, dazu wünsche ich viel Freude.

Wolfgang Hans Werner Pade

Motorradreise Peloponnes

Reiseverlauf

1. Illingen bei Stuttgart
2. Kötschach-Mauthen
2. Lido di Jesolo
3. Venedig
4. Patras
5. Kastro Kyllini
6. Katakolo
7. Olympia
8. Pylos
9. Athen
10. Kastro Kyllini
11. Patras
12. Venedig
13. Kötschach-Mauthen
14. Illingen bei Stuttgart

Autor: Wolfgang Hans Werner Pade

Bibliografische Information der Deutschen Nationalbibliothek:
Die Deutsche Nationalbibliothek verzeichnet diese Publikation
in der Deutschen Nationalbibliografie; detaillierte bibliografische
Daten sind im Internet über http://dnb.dnb.de abrufbar.

Motorradreise Peloponnes

Herstellung und Verlag:
BoD-Books on Demand, Norderstedt
ISBN: 9783753446356

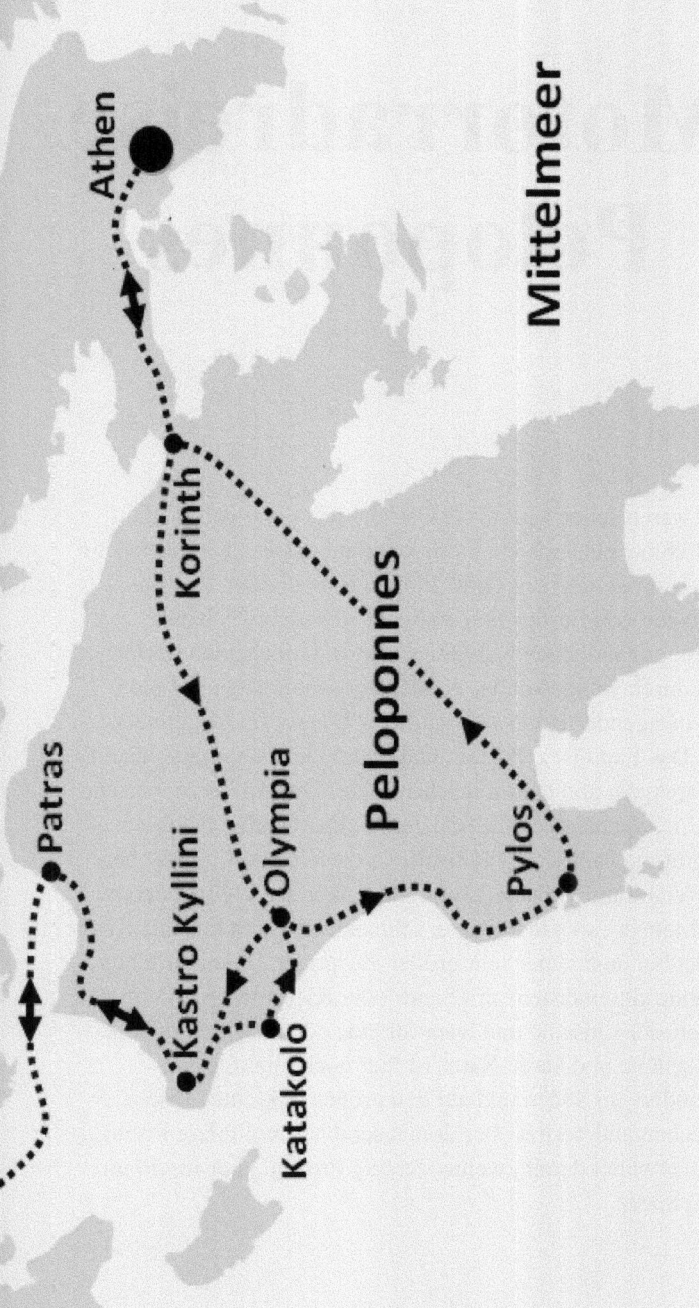

Motorradreise Peloponnes

Wir waren schon sehr oft in Griechenland und verbrachten dort immer sehr schöne Familienurlaube. Das dünn besiedelte Land, mit gerade mal elf Millionen Einwohnern, liegt im Südosten von Europa und erstreckt sich über das Küstengebiet des südlichen Mittelmeerraums. Griechenland zeichnet sich durch wunderschöne Küstenlandschaften, so wie ein hervorragendes klares und sauberes Wasser im Mittelmeer aus. Das Land ist zerklüftet und bietet viele verstreute Inseln in der Ägäis und dem Ionischen Meer. Die größte griechische Insel ist die naturschöne und geschichtsträchtige Peloponnes. Es gibt nur sehr wenig Industrie in diesem Land, dafür aber sehr viel Landwirtschaft. Vor allem aber der Wein, Quzo und der Metaxa , so wie die gute, schmackhafte und kräftige Küche findet bei uns immer sehr großen Zuspruch. Die natürlichen Strände sind meistens mit Sand- oder Kiesuntergrund. Oft lassen sich einsame und leere Strände oder Buchten finden. Die schöne und karge Natur ist hier noch intakt, ganz besonders im Süden und auf den großen u. kleinen Inseln. Griechenland besitzt über dreitausendvierundfünfzig Inseln und verwaltet damit zweiundachtzig Prozent aller Inseln im Mittelmeer.

Die großen Inseln haben Flughäfen, Fährverbindungen, oder sind sogar über eine Brücke erreichbar. Die kleinen Inseln dagegen sind oftmals unbewohnt und nur mit einem privaten Boot oder Fischerboot erreichbar. Auch das Inland oder Hinterland ist durchaus sehr interessant und lohnenswert anzuschauen. Hier gibt es wunderschöne Landschaften, mit romantisch gelegenen Seen und schöne, so wie tierreiche Nationalparks. Griechenland ist so geschichtsträchtig, wie kaum ein anderes mit seinen vielen archäologischen Funden und Museen. Die Einwohner Griechenlands sind sehr freundlich und immer gerne hilfsbereit. Eben das, was unter anderem einen sehr guten Gastgeber auszeichnet. Das ist so einer der wichtigsten Gründe, warum es uns immer wieder gerne nach Griechenland zieht.

Die Hauptstadt Griechenlands ist Athen, die im Südosten des Festlandes von Griechenland liegt und rund siebenhundert-tausend Menschen beherbergt. In Athen liegt auf einem Hügel die weltberühmte Akropolis und vor der Hauptstadt der Hafen von Piräus. Glücklicher Weise ist Griechenland ein Teil von Europa und so kann dort problemlos mit Euro bezahlt werden.

Da ich mit unserem jüngeren Sohn Robin noch keine große Motorradreise unternommen hatte, wuchs der Gedanke in mir, dass ich mit meinem Motorrad eine große Tour nach Griechenland auf die Peloponnes unternehmen wollte. Nicht nur aus oben genannten Gründen, sondern auch deshalb, weil es sich dort sehr gut mit dem Motorrad fahren lässt. Durch die Berge gibt es sehr viele und kurvenreiche Straßen, die nur schwach befahren sind, ganz besonders außerhalb der Schulferienzeit. Nach ein paar Diskussionen mit meiner Frau, bekam ich schließlich die Genehmigung für diese große Motorradtour.

Das ist eine Reise ganz nach meinem Geschmack.
Mit meinem Sohn Robin auf dem Motorrad ganz alleine
durch ein Land reisen und einfach den Kopf frei machen,
die Fahrt genießen und immer schön die Kurven ausfahren.
Natürlich jederzeit vorsichtig und behutsam, weil ein Kind
mit zwölf Jahren auf dem Sozius mitfährt und da darf man
als pflichtbewusster und guter Vater natürlich kein Risiko
eingehen.

Nach einer kleinen Planung, der Buchung der Fähr-
verbindung und den Hotels in Österreich und Italien über
die üblichen Internetplattformen, konnte die Reise los gehen.
Alle Unterkünfte vor Ort auf Peloponnes und in Athen
hatte ich nicht gebucht, vorsichtshalber packte ich noch
das Igluzelt, Schlafsäcke und unsere Luftmatratzen ein.

Vor der Fahrt auf meiner Honda Transalp wurden noch
ein paar neue Reifen aufgezogen, Ölwechsel durchgeführt,
Ölfilter getauscht und die Kette eingestellt, vollgetankt
und schon war ich mit meinem Bike startklar. Wie immer
war ich auf meinen Motorradtouren, mit leichtem
Gepäck unterwegs. So reichten uns zur Unterbringung
des persönlichen Gepäcks zwei Seitenkoffer und den
Rest packten wir in das Topcase. Seitlich brachte ich das
Igluzelt in einer wasserdichten Gepäckrolle unter. Auf
dem Tank befestigte ich einen kleinen Tankrucksack,
in dem das Kartenmaterial, Verbandszeug und ein paar
Kleinigkeiten, so wie Getränke u. Speisen untergebracht
waren. Auf meinen Touren mit meiner Reiseenduro
nahm ich immer das Navi mit und ein paar Landkarten,
so wie Werkzeug, Pannenspray für die Reifen und den
Verbandskasten. Natürlich war auch immer meine
wasserdichte Überziehregenhose im Gepäck dabei.
Meine Nylonmotorradjacke ist absolut wasserdicht,
deshalb benötige ich keine zusätzliche Regenkombi.

Robin war für den Urlaub genauso mit der Motorrad-kleidung ausgestattet wie ich, nur eben alles ein paar Nummern kleiner.

Mein Motorrad ist für solche Touren bestens geeignet, weil ich dort eine sehr bequeme Sitzposition einnehmen kann, der Tankinhalt sehr groß ist, das Windschild gut funktioniert und das Fahrzeug ohne Überraschungen solide und robust, so wie sparsam seine Kilometer runter spult. Auch die Sitz-bank ist bequem und lässt einen ein paar Stunden prima sitzen. Besonders sicher fühle ich mich durch den hellen großen Scheinwerfer in der Frontverkleidung meiner Transalp. Dadurch können mich alle Verkehrsteilnehmer am Tag und bei Nacht sehr gut erkennen.

Am Abend vor der Abfahrt freue ich mich wie ein kleines Kind vor Weihnachten, denn ab morgen geht es in die große Freiheit. Nur Robin, mein Bike und ich fahren auf die große Tour. Das wird eine geile Zeit, so etwas vergisst man nie und bleibt stets als Glücksgefühl gespeichert. Robin schickte ich vorsichtshalber ein paar Stunden früher ins Bett und war froh, dass er sofort gut und tief einschlief. Weil ich vor lauter Vorfreude nur vier Stunden Schlaf fand fuhren wir um zwei Uhr in der Nacht los. Eigentlich sollte ein guter Motorradfahrer nicht in der Nacht fahren, weil es zu viele Gefahren auf der Straße gibt. Es fängt an mit Teilen die auf den Straßen liegen können, die zu spät erkannt werden und geht weiter bis zu den Tieren die nachts die Straße überqueren und bei Kollision schnell den Fahrer vom Motorrad holen. Aber ich war so aufgeregt und wollte einfach fahren, die Gefahren wurden nicht unterschätzt. Denn natürlich muss ich vorsichtig sein, denn als Motorrad-fahrer ist man mit der schwächste Verkehrsteilnehmer auf der Straße und sogar ein Bekannter musste sein Hobby mit seinem Leben bezahlen.

Aber das ist leider so und sollte einem die Freude am Fahren eines Motorrades nicht nehmen, aber dennoch berücksichtigen.

Punkt zwei Uhr startete ich meine Transalp und war wieder einmal begeistert als ich in der ruhigen Nach den V-Motor donnern hörte. Kurze Verabschiedung von meiner Silvia und los ging die Fahrt in die große Freiheit, immer Richtung Süden.

Aus Illingen in Württemberg hinaus auf die Bundesstraße 10 und an Vaihingen / Enz vorbei, durch Enzweihingen, bis zur Autobahnanschlussstelle vor Stuttgart, auf die Autobahn A8 Richtung München. Die letzte Zivilisation ist für mich immer der Stuttgarter Flughafen, denn danach wird es ruhig und leer auf der Autobahn. An der Geislinger Steige wird es für mich immer interessant, weil man als Motorradfahrer sehr schnell und problemlos den Anstieg überwinden kann. Ganz im Gegenteil zu den Lkws die auch gern nachts unterwegs sind.

Da spürt man die Kraft des Motorrades unter einem, das durch sein leichtes Gewicht und der guten Leistung diese Etappe problemlos meistert. Die Steige ist für eine Autobahn recht kurvig und sogt deshalb für etwas Abwechslung in der Nacht Richtung München.

Es gibt keine Staus auf der A8 und das Wetter ist mild u. angenehm warm. So drückt es nicht auf die Blase und wir fahren durch bis München. Weil wir so gut voran gekommen sind fahre ich kurzerhand durch München, denn um kurz nach vier Uhr ist es in München noch ruhig und die Fahrt durch die Stadt reduziert die Kilometer und die Fahrzeit. In München machen sich die Nuten so langsam von der Nachtschicht auf den Heimweg und die letzten Freier finden den Weg nachhause. Es ist für mich ganz witzig, denn für diese Leute endet der Tag und für uns fängt er gerade an.

In München brauche ich nicht viel zu tanken, denn meinen Tank am Bike habe ich unerlaubter Weise bis zum Verschluss gefüllt. So passen nochmals rund drei Liter mehr, in den eh schon großen Tank, hinein. Aber mit Kind wollte ich kein Risiko eingehen und tankte zur Sicherheit ein paar Liter.

Die Fahrt durch die Landeshauptstadt von Bayern verlief gut und schnell, nur an den vielen Fotoapparaten der Stadt ist äußerste Vorsicht geboten und natürlich Hand vom Gas. Weil ich so oft diesen Weg schon gefahren bin, kenne ich jeden Blitzer auf der Strecke. Nur auf die neuen muss ich aufpassen, denn das könnte in der Stadt sehr teuer werden.

Weiter geht die Fahrt auf der Autobahn A8 Richtung Rosenheim und auf der Höhe von Rosenheim rechts ab auf die Autobahn A93 nach Kufstein. Dann geht es endlich von der Autobahn runter auf die Landstraße, südlich am "Wilden Kaiser" vorbei nach Kitzbühel. Sehr gern fahre ich immer durch Österreich, weil hier alles so schön geordnet und mit den Bergen so wild romantisch aussieht. Aber vor allem die Straßen sehr gut sind und es viel Freude macht die Pässe mit seinen Kurven hinauf zu heizen.

Nach Kitzbühel folgen wir der Landstraße über den Pass Thurn mit seinen tausendzweihundertvierundsiebzig Meter ü. d. Meer. Als nächstes Highlight steht die Fahrt zum Felbertauerntunnel an, der sich langsam und stetig die schöne Bergstraße bis auf über tausendsechshundert Meter hinauf schlängelt. Auch hier ist das Motorrad das perfekte Fahrzeug um die Steigung hinauf zu fahren. Rechts und links des Felbertauerntunnel liegt der Großglockner und der Großvenediger, die beide um die drei-tausendsiebenhundert Meter hoch sind und auf mich immer wieder einen beeindruckenden und gewaltigen Eindruck hinterlassen. Selbst im Sommer sind auf dessen nackten u. felsigen Bergspitzen noch hoher weißer Schnee zu sehen.

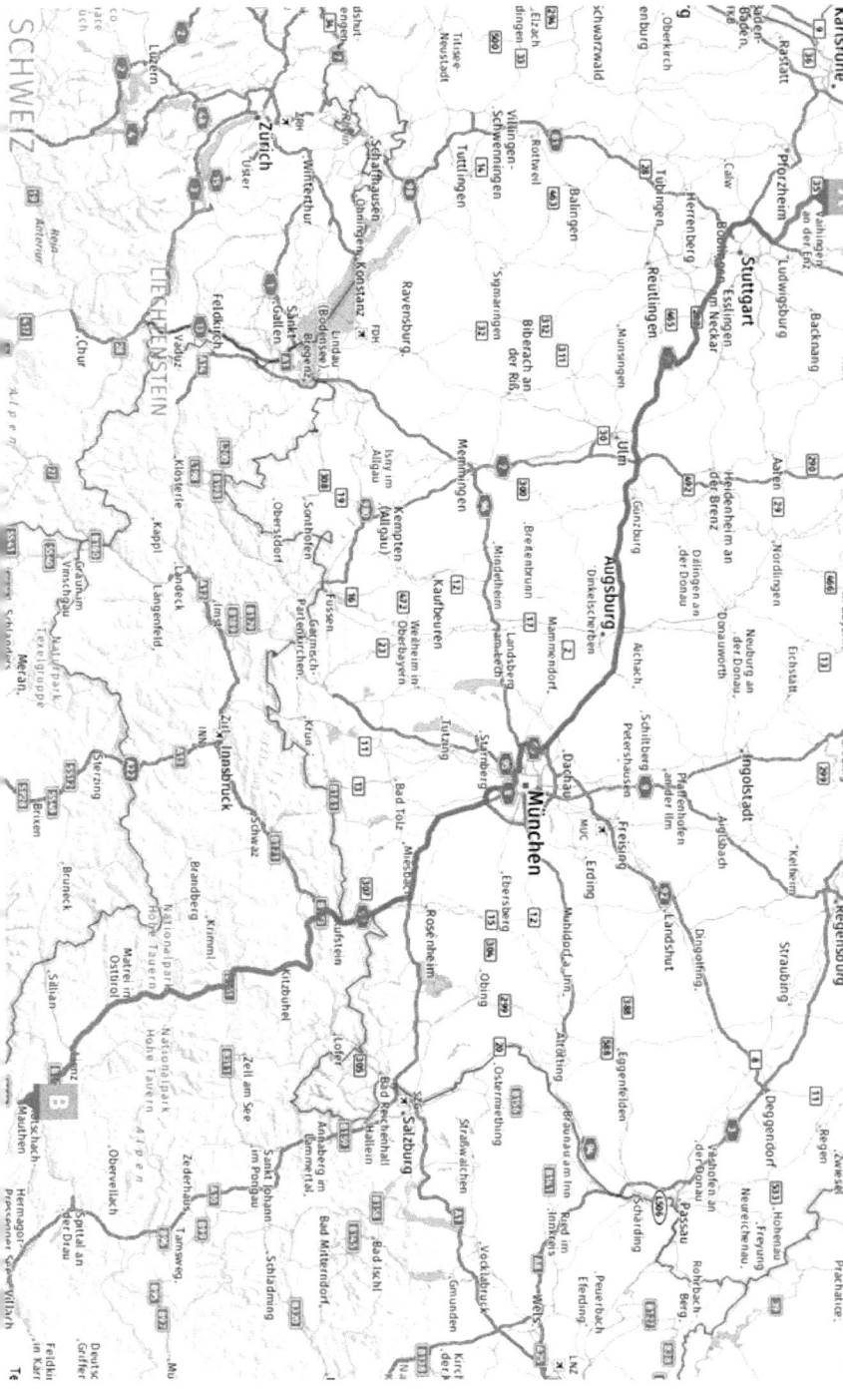

Am Felbertauerntunnel müssen wir nur kurz stoppen, um die zehn Euro Mautgebühr zu bezahlen. Dann geht die Fahrt durch den fünftausendzweihundertzweiundachtzig Kilometer langen Tunnel, der im Jahre neunzehnhundertsiebenundsechzig fertig gestellt wurde, weiter. Der Tunnel ist eine wintersichere Verbindung durch den Felber Tauern der Hohen Tauern des Alpenhauptkamms, der das Bundesland Salzburg mit Osttiroler Bundesland Tirol verbindet. Also eine wichtige Verbindungsstraße in Österreich. Für mich ist es oftmals sehr überraschend, wie das Wetter auf der anderen Seite ist. Denn hier verläuft eine Wetterscheide und es kann auf der einen Seite Sonnenschein sein und auf der anderen Seite schneit oder regnet es, ebenso können erhebliche Temperaturschwankungen stattfinden. Diesmal haben wir Glück und auf der anderen Seite ist das Wetter ebenso gut wie zuvor. Entspannt fahren wir auf der Bundesstraße B108 hinunter Richtung Lienz. Die Straßen sind alle trocken und so erreichen wir parallel dem Fluss Isel den größeren Ort Lienz.

In Lienz tanke ich meine Transalp und wir frühstücken gemütlich in einem bekannten Fast-Food-Restaurant, das direkt an der Bundesstraße auf der linken Seite liegt. Es gibt einen doppelten Käseburger mit Pommes und Kola für Robin, ich bestellte mir einen schönen großen heißen Cappuccino, Orangensaft und ein Omelette mit Röstbrot.

Nach dem leckeren Frühstück und der Pinkelpause geht es weiter Richtung Gailbergsattel, der auf einer Höhe von neunhunderteinundachtzig Meter liegt und sich schön den Berg in Serpentinen hinauf schlängelt. Die Straßen sind frei und es bereitet mir viel Freude meine Transalp durch die Kurven den Berg hinauf zu fahren, zumal hier keine Polizei o. Blitzer sind.

Nach dem Gailbergsattel haben wir nur noch ein paar Kilometer bis zum heutigen Zielort nach Kötschach-Mauthen.

Es geht durch einen dichten Wald bis in die kleine verschlafene Ortschaft mit seinen knapp dreieinhalbtausend Einwohnern.

Wir fahren die restlichen Kilometer unserer über fünfhundert Kilometer langen Tagesetappe, bis zu unserem gebuchten drei Sterne Hotel "Gailtaler Hof". Das Hotel empfängt besonders gern Motorradfahrer, betreut und verwöhnt diese in ihrem Haus. Nach über fünf Stunden reine Fahrzeit stellen wir das Motorrad vor dem Hotel ab und wir checken ein. Wir haben Glück und unser Doppelzimmer ist bereits fertig hergerichtet u. wir dürfen es sofort betreten und uns ein wenig häuslich einrichten.

Da wir zeitlich zu früh dran sind, trinkt Robin noch eine heiße Schokolade und ich einen leckeren Cappuccino zu unseren bestellten Butterbrezeln im Restaurant des Hotels. Weil ich schon Gast im Haus war, kenne ich hier alles genau.

Nach dem zweiten Frühstück legen wir uns ein wenig auf die frischen Betten und schlafen nach der guten Fahrt schnell ein.

Nach dem kleinen Nickerchen rufe ich meine Frau Silvia an und melde uns als wohlbehalten angekommen. Dies ist taktisch sinnvoll, denn sonst weiß meine Frau sofort, dass wir etwas zu schnell mit dem Motorrad unterwegs waren.

Anschließend laufen wir ein wenig durch die kleine Gemeinde, in der sich seit meinem letzten Aufenthalt nichts geändert hat. Kaufen im Supermarkt noch etwas zum Trinken und kehren gegen Abend in ein klassisches Restaurant ein um uns hier einen leckeren Schweinebraten mit Knödel, Kraut und Salat zu genehmigen. Dazu noch eine Apfelsaftschorle für Robin und ein frisches Hefeweizen und der Abend ist unser Freund. Weil wir so früh dran sind, trinken wir ausnahmsweise ein zweites Getränk, bevor wir in unser komfortables Hotel zurück kehren. Als wir ankamen war es bereits dunkel und mir kam die Idee noch eine Runde in die heiße Sauna des Hotels zu gehen. Danach kurz unter die Dusche und dann schnell ins Bett. Robin wollte nicht mit in die Sauna und schaute so lange Fernsehen. Trotz dem Nickerchen tagsüber konnten wir hervorragend die Nacht durchschlafen.

Am nächsten Morgen schlemmten wir noch ein leckeres Frühstück mit frischen Brötchen, Brezel, Wurst, Käse, Omelette und einem guten Cappuccino und süßen Kakao. Robin trank noch ein Glas Multivitaminsaft und probierte zudem noch den Honig und die verschiedenen Marmeladen auf einem weiteren frischen Mohnbrötchen.

Um kurz nach neun waren wir startklar und freuten uns auf die nächste Etappe von Kötschach-Mauthen bis nach Lido di Jesolo, dazu mussten wir aus Österreich nach Italien fahren. Von Kötschach-Mauthen verlief der Weg zuerst über etwas ältere Straßen, bis an die italienische Grenze, dann über den tausenddreihundertsechzig Meter hohen Plöckenpass über neue und sehr kurvige Straßen den Berg in Italien hinunter. Wenn ich mich nicht verzählt habe sind es zwölf hundertachtzig Grad Spitzkehren, die doch relativ vorsichtig zu fahren sind, aber die Aussicht auf das Tal ist wunderschön.

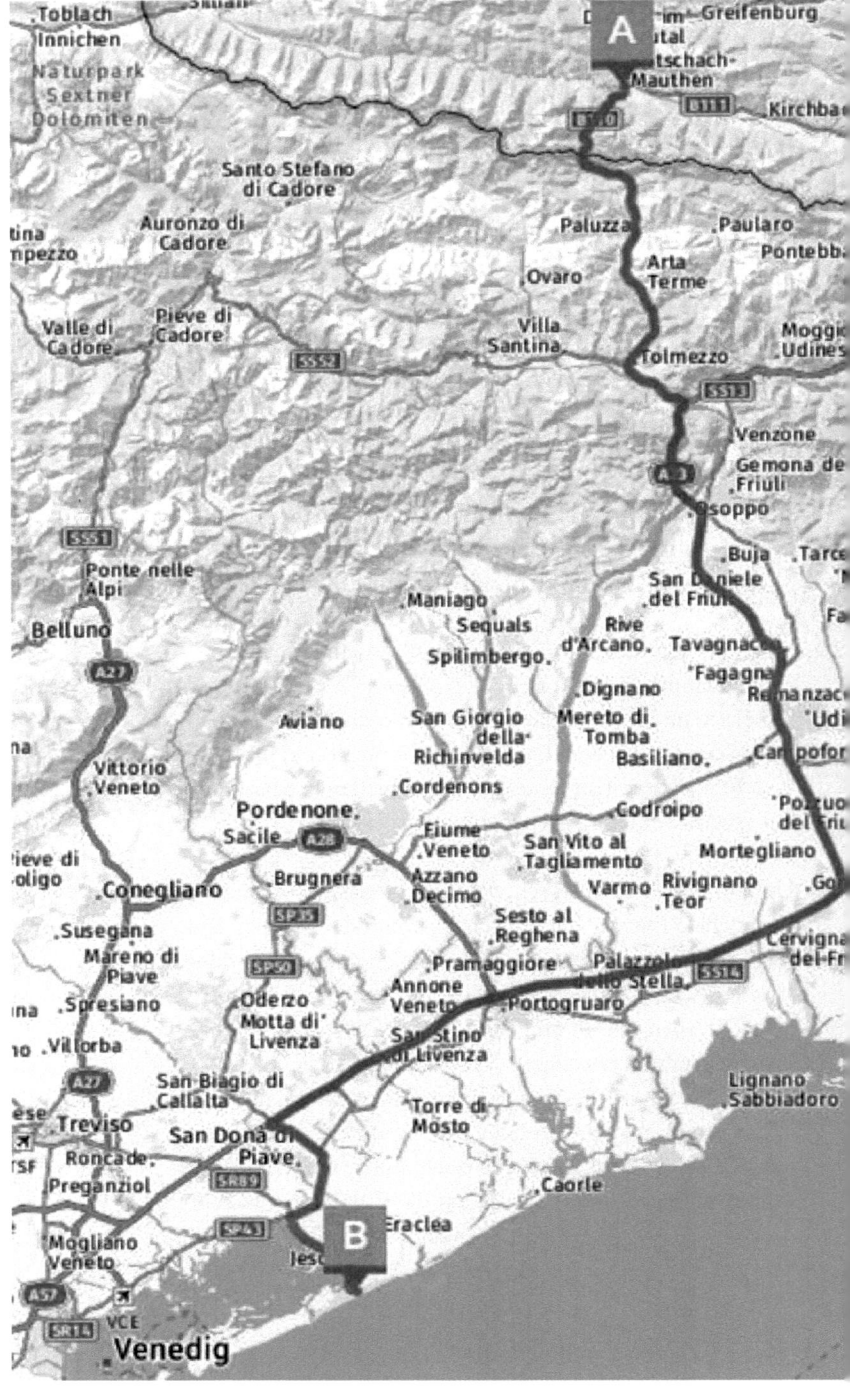

Nach rund siebenunddreißig Kilometer durch den langen Pass in den Karnischen Alpen auf der Strecke von Kötschach-Mauthen im Gailtal ins italienische Timau in Friaul, fahren wir weiter bis nach Tolmezzo. Die Straßen sind sehr schmal und überwiegend mit schlechtem Teerbelag. Hier ist Vorsicht geboten, denn immer wieder fahren Wohnmobile oder dicke SUV auf der Straße und benötigen oftmals übertrieben viel Fläche. Ich freue mich bei bestem Wetter die Strecke zu fahren und begegne immer wieder Motorradgruppen, die auf der Heimfahrt sind u. wir uns selbstverständlich grüßen, wie es sich unter echten Motorradfahrern gehört. In Tolmezzo fahren wir auf die Autobahn A23 weiter Richtung Süden nach Udine, anschließend auf die Autobahn A4 und folge dieser nach rechts in Richtung Venedig. Die Autobahn ist gut ausgebaut und befindet sich in einem sehr guten Zustand. Was mich freut und ich deshalb meine Transalp ein wenig über die Autobahn jage, dabei immer die Sicht nach der Polizei und den Blitzern, die eventuell neu installiert wurden.

An der Autobahnausfahrt San Dona di Piave fahren wir runter von der Autobahn u. halten uns immer Richtung Lido di Jesolo. Nachdem wir links um den großen Ort San Dona di Piave vorbeigefahren sind, steuern wir direkt auf Lido di Jesolo zu. Kurz vor dem Hotel haben wir den Tank der Transalp voll gefüllt. Unser gebuchtes Hotel "Miami" finden wir auf Anhieb und parken unsere Honda Transalp direkt hinter dem Hotel auf dem schattigen hoteleigenen Parkplatz. Nach drei Stunden Fahrt haben wir die zweihundertsechs Kilometer bis zum Ziel zurückgelegt. An der Rezeption des Hotels, mit seinen hundert Zimmern, wurden wir schnell und freundlich eingecheckt und durften sofort auf unser Doppelzimmer. Das Zimmer ist im Farbton weiß gehalten, ebenso wie das Mobiliar, nur die Tagesdecke auf dem Bett sticht im Blauton heraus. Es ist in dem sauberen und großen Zimmer alles drin, was man sich als Urlauber in einem drei Sterne Hotel vorstellen kann.

Außer dem Doppelbett mit Nachttischen, Beleuchtung und Telefon, gibt es einen Sekretär, Kühlschrank, Fernseher, Stühle, Schränke und die Klimaanlage, so wie einen Balkon mit Tisch und Stühlen. Die Fassade der zwei sechsstöckigen, fast rechteckigen Flachdachhäuser, ist natürlich in weiß gehalten und die Balkongeländer aus Metall sind blau gestrichen. So passt das alles farblich gut zusammen, sogar der Pool zwischen den zwei Häusern passt farblich, wie die darum stehenden Liegen in blau-weiß. Auch das saubere Badezimmer ist komplett in weiß gehalten. Dort findet man eine Dusche mit Verglasung, Waschbecken und die Toilette mit den üblichen Accessoires.

Wir packen unsere drei Koffer, die Gepäckrolle und den Tankrucksack von der Transalp und platzierten alles in unserem Doppelzimmer. Nach der Arbeit ziehen wir uns schnell noch um und laufen in Badehose und T-Shirt zum Strand. Es sind nur ein paar Minuten Fußweg durch eine Unterführung, dann stehen wir direkt vor dem breiten Sandstrand, der voll gespickt mit Sonnenschirmreihen und Liegen ist. Auf dem hoteleigenen Strandabschnitt suchen wir unsere Liegen, so wie den dazugehörigen Sonnenschirm. Denn jeder Gast im Hotel "Miami" hat einen nummerierten Platz, der den Gästen während des Aufenthaltes im Hotel zu Verfügung steht. Schnell werden wir fündig und werfen das Handtuch auf die Liegen und rennen zum erfrischenden Meerwasser. Nach einer Runde Schwimmen im Meer sonnen wir uns noch ein wenig und gehen anschließend auf die Suche nach einem Restaurant. In unseren trockenen Badeshorts, T-Shirt und Flip-Flop machen wir uns auf den Weg und finden sofort in der nächsten Querstraße, die parallel zum Strand verlaufende Fressmeile. Schnell waren wir uns einig und kehrten in ein einfaches Restaurant ein, das aber relativ voll war und was für mich immer ein gutes Zeichen ist. Robin wollte den Giant Burger mit Pommes und Kola, ich entschied mich für das panierte Schnitzel mit Pommes und Salat, so wie ein Bier.

Das Restaurant war die richtige Entscheidung, denn hier stimmte die Qualität und die Menge mit dem Preis überein.

Nach dem Essen ging es wieder an den Strand zurück und wir schliefen mit vollem Magen glatt in der Sonne ein und holten uns den ersten kleinen Sonnenbrand. Nach dem die Sonne so langsam nachließ beendeten wir den relaxten Nachmittag am Meer und liefen zu unserem Hotel zurück.

Nach der erfrischenden Dusche ging es zum Abendessen in unserem Hotel, denn wir hatten Halbpension gebucht. Das Abendessen war erstaunlich gut für ein drei Sterne Hotel. Ich nahm mir von der gebratenen Ente, den Kartoffeln mit Sosse und dem Rotkohl, so wie einen Griechischen Salat. Robin wählte ein paniertes Schnitzel mit Pommes, junges Gemüse und Salat. Ich entschied mich für einen kräftigen trockenen Rotwein und Robin eine Apfelsaftschorle. Wir waren so satt und faul und wollten fast schon ins Bett gehen. Ich schlug vor noch einen kleinen Verdauungsspaziergang auf der Promenade am Meer zu machen. Robin ging zwar mit, war aber nicht so ganz überzeugt schon wieder zu laufen.

Aber es tat uns beiden die angenehme frische Luft am Meer gut und so liefen wir etwas mehr als geplant. Auf halben Weg entdeckten wir eine ganz fantastische Eisdiele und mussten dort natürlich ein italienisches Eis kaufen. Robin entschied sich für eine große Kugel Pistazieneis u. ich nahm Mangoeis. Das Eis schmeckte hervorragend und die zwei jungen Eigentümer der Eisdiele waren sehr großzügig mit der Portion Eis auf der Waffel.

Der nächste Tag verlief im Prinzip genau gleich, nur liefen wir etwas mehr am Strand herum und schauten uns den Leuchtturm, so wie die Stadt ein wenig länger an. Aber es war immer noch relaxen, schwimmen, usw. angesagt.

Das Doppelzimmer mit der Halbpension für zwei Personen im Hotel "Miami" kostete uns rund hundert Euro die Nacht. Der Preis und die Leistung zur Hauptsaison in Italien ist gut.

Abends packten wir das Motorrad und kontrollierten alle wichtigen Funktionen am Fahrzeug, das ist u.a. der Ölstand, Bremsflüssigkeit, Kettendurchhang, Fetten der Kette, Bremsbeläge, Luftdruck, Licht, usw.. Es ging etwas früher ins Bett, weil wir am nächsten Morgen sehr früh raus wollen um nach Venedig fahren. Einerseits wegen einer Altstadtbesichtigung, andererseits um die Fähre nach Patras pünktlich zu erreichen.

Früh am Morgen machten wir uns nach einem kleinen Frühstück im Hotel um sechs Uhr dreißig auf den Weg nach Venedig. Um diese Tageszeit ist es sehr angenehm in Italien Motorrad zu fahren, weil die Sonne noch nicht intensiv scheint und die frische der Nacht noch in der Luft liegt.

Von Lido di Jesolo fahren wir auf direktem Weg nach Caposile, dort biegen wir links ab und fahren auf der Schnellstraße Richtung Venedig. Nach der Stadt Campalto biegen wir wieder links ab und fahren über den Damm direkt nach Venedig in die Altstadt. Im Prinzip fährt man von Lido di Jesolo immer links am Meer entlang, dann ist ein Verfahren nach Venedig fast unmöglich. Für die rund fünfzig Kilometer benötigen wir knappe fünfundvierzig Minuten, zu dieser frühen und verkehrsarmen Zeit, am Morgen.

Ganz unauffällig parken wir dort, wo alle Roller und Motorräder in Reihe und Glied abgestellt wurden. Natürlich fallen wir mit der voll beladenen Maschine ganz schön auf. Ich hoffe nur, das nach der Stadtbesichtigung noch alles am Motorrad, wie zuvor, dran ist. Weil ohne Helm oder dem Gepäck macht die Weiterfahrt auf die Peloponnes keinen Sinn. Dann müssten wir hier schon abbrechen.

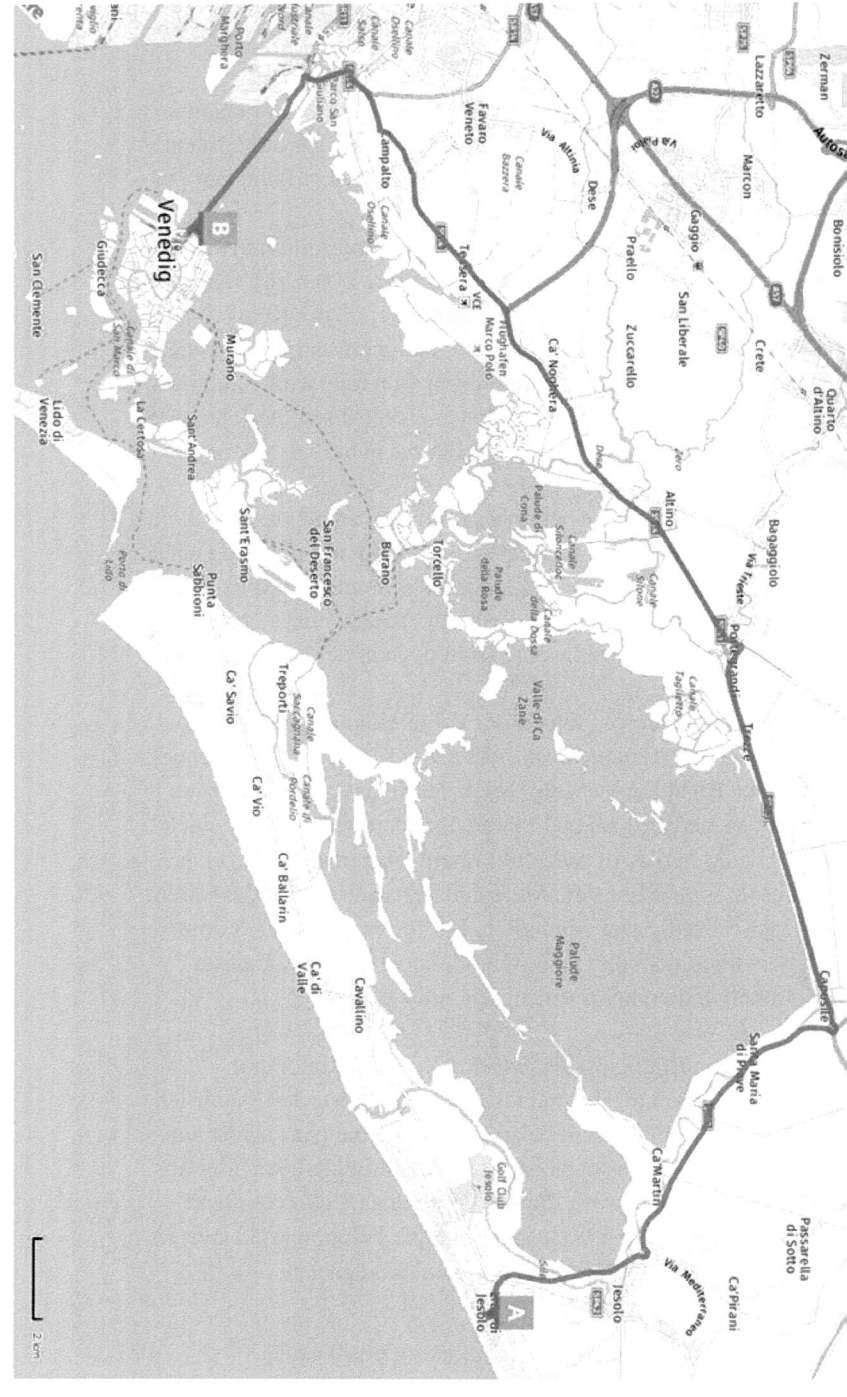

Wir haben tolles Wetter in Venedig und es sind noch nicht so viele Besucher in der Stadt unterwegs. So wie ich Venedig kenne, wird sich das ganz gewaltig in den nächsten Stunden ändern. Denn in den Sommerferien und bei so einem guten Wetter, da platzt die Stadt schnell aus allen Nähten und die Besucher sehen von oben aus wie gewaltige Ameisenstraßen.

Gute vier Stunden laufen wir durch Venedig und Robin kann keine Wasserstraßen mehr sehen. Es ist zwar schön und auch interessant die Gondeln durch die Stadt paddeln zu sehen, so wie die vielen, fast gleich aussehenden Brücken, aber für Kinder oder ich sollte besser sagen Heranwachsende, ist das nicht wirklich interessant. Da gefielen Robin die Strandtage in Lido di Jesolo deutlich besser. Deshalb essen wir lieber eine Kleinigkeit in einem amerikanischen Restaurant und trinken eine ganz große Kola dazu, denn es ist richtig heiß geworden.

Wir suchen unsere Transalp und finden sie wieder komplett vor, es fehlte absolut nichts am Bike. Das freute mich sehr u. so fuhren wir zu unserer gebuchten Fähre von der Rederei Minoan Lines. Das große Schiff in der weißen Farbe und dem roten Streifen, so wie dem roten Kamin, lässt sich fast nicht übersehen. Wir parken gleich in der ersten Reihe der Warteschlange im Hafen, weil wir relativ früh dran sind. Ich laufe zu dem kleinen Häuschen und frage vorsichtshalber nach, ob wir richtig sind und alles i.O. ist. Der freundliche Herr schaute meine Unterlagen an und nickte mir zustimmend zu, dann gab er mir noch ein Schild mit der Aufschrift "Patras", das ich an meinem Motorrad gut sichtbar anbringen soll. Wieder am Bike zurück packen wir unsere Sachen für die Fahrt in eine mitgebrachte große Tasche. Das sind die Luftmatratzen, Schlafsäcke, Essen, Trinken, Waschutensilien u. ein paar weitere Kleinigkeiten. Denn wir haben Deckpassage gebucht und da sollten wir die ersten an Bord sein, damit wir einen guten Platz finden.

Leider müssen wir noch eine Weile in der heißen Sonne
warten, bis wir als erster auf das Schiff der Minoan Lines
fahren dürfen. Ich fahre und Robin hält auf dem Sozius die
Tasche für die Reise auf dem Schiff fest. So fahren wir über
den geriffelten Stahlboden der gigantischen hinteren Schiffs-
klappe in den dunklen stählernen Bauch des Schiffes.
Überall stehen Einweiser mit gelben Westen und weisen uns
mit Handzeichen den Weg zu unserem Parkplatz. Wir fahren
immer schön im Kreis auf dem stählernen Kollos, bis wir ganz
unten im Bauch des Riesen angekommen sind. Dort stellen
wir das Motorrad auf einen seitlich markierten Parkplatz auf
dem Seitenständer ab. Wir waren noch nicht ganz abgestiegen,
da kamen zwei Männer mit einer alten Schaumstoffmatratze
angelaufen und stellten diese auf eine Seite des Motorrades.
Danach spannten die zwei Herren schnell einen breiten Gurt
über die Matratze und zogen diesen fest. So dass das Bike
zwischen zwei Matratzen an der Stahlwand gut fixiert wurde.
Ich hatte zuvor bedenken, dass die Maschine Macken und
Kratzer abbekommt, aber mit dieser Technik wird nichts
passieren zumal die Männer sehr vorsichtig, aber auch
schnell waren. Die sind natürlich trainiert und geübt mit
solchen Aufgaben, weil das ihre tägliche Arbeit ist. Wir
verlieren keine Zeit und fahren auf der "Europa" mit dem
Aufzug auf das Hintere Deck, oder seemännisch das Heck
des Schiffes der "Europa". Weil wir fast die ersten sind,
haben wir eine gute Auswahl unseres Schlafplatzes an Deck
des Schiffes. Wir legen die Luftmatrazen auf einer Erhöhung
aus und pumpen diese auf, legen die Schlafsäcke darüber und
bereiten alles für die Nacht vor. Das restliche Gepäck bleibt
in der mitgebrachten Gepäckrolle auf der Kopfseite unseres
Schlafplatzes.

Nachdem wir uns eingerichtet hatten, schauten wir uns
das Schiff von der griechischen Reederei etwas genauer an.

Die "Europa" der Minoan Lines ist eine von sechs Fährschiffen die zur Reederei, mit Sitz in Iraklio auf Kreta gehört. Das Logo der Reederei stammt aus Lily Prince Fresco, das im Palast von Knossos gefunden wurde. Unser Schiff ist zweihundertfünf-undzwanzig Meter lang, über dreißig Meter breit und hat über vierundfünfzigtausend BRZ. Das Schiff ist nagelneu und bietet Platz für über dreitausend Gäste mit tausendzweihundert Kabinen in unterschiedlichen Kategorien. Darunter befinden sich Zwei- bis Vierbett-Innenkabinen sowie außenliegende Luxuskabinen mit ein oder zwei Betten, vierundfünfzig Juniorsuiten und zwei Eignersuiten. Zur Ausstattung des neuen Fährschiffes gehört ein Self-Service- und Bedienungs-Restaurant, ein Duty Free Shop, eine Lounges, das luxeriöse Casino und ein großer Pool mit getrenntem Kinderpool. Mit einem Tiefgang von sieben Meter und einer Besatzung von hundertfünfzig Mitarbeitern schafft das High-Speed-Boot mit seinen vier Dieselmotoren, mit fast neunundsechzigtausend PS, eine Geschwindigkeit von über dreiundfünfzig Kilometer pro Stunde. Das sind seemännische achtundzwanzig Komma fünf Knoten pro Stunde.

Mit diesem Stahlkollos fahren wir pünktlich um halb zwei vom Hafen in Venedig ab, um die Distanz von tausend-einhundertdreizehn Kilometer in einem Tag und neun Stunden nach Patras zu bewältigen. Unterwegs haben wir einen Zwischenstopp auf dem Festland in Griechenland, nämlich der Stadt Igoumenitsa. Die Stadt Igoumenitsa liegt nur zweiunddreißig Kilometer Luftlinie zur Stadt Korfu auf der Insel Korfu entfernt, die kürzeste Luft-strecke zur Insel Korfu beträgt jedoch nur achtzehn Kilometer. Wenn alles klappt, dann sind wir am nächsten Tag um einundzwanzig Uhr in Patras am Hafen.

Ausnahmsweise fahren wir noch langsam an Venedig vorbei und können die Sicht vom Schiffsdeck zur Stadt genießen.

Für die Überfahrt, also Hin- und Rückweg, kostet der Schüler hundert Euro, hundertdreiundvierzig Euro der Erwachsene und das Motorrad wird mit zweiundneunzig Euro berechnet. Macht als Summe dreihundertfünfunddreißig Euro für zweitausendzweihundertsechsundzwanzig Kilometer Fahrstrecke. Das sind rund fünfzehn Euro pro hundert Kilometer, kein Stress und kein Verschleiß an Reifen und am Motorrad. Es kostet kein Benzin und keine Maut auf den Autobahnen. Straßenkilometer wären das weitaus mehr, weil es da keinen direkten Weg, wie auf dem Meer, gibt. Der Preis ist aber nur so niedrig, weil wir intelligent die niedrigste Kategorie gesucht, gefunden und auf der Minoan Lines gebucht haben. In der Zwischensaison oder Hauptsaison ist der Preis höher.

Nachdem Venedig hinter uns lag, gab es für Robin kein halten mehr und wir zogen unsere Badehosen an und legten einen entspannten Badenachmittag am Pool der "Europa" ein.

Am Abend besuchten wir das Selbstbedienungsrestaurant, das selbstverständlich eine gute griechische Küche bot. Erstaunt war ich über die relativ normalen Kosten für unser Essen und Trinken. Es war zwar etwas teurer als in einer Taverne in Griechenland, aber deutlich günstiger als in einem deutschen Lokal. Für uns zwei gab es Pommes mit Ketchup und Majonäse , gegrilltes Schweinekotelett mit Tomaten und Käse überbacken, gedünstetes Gemüse und Tzatziki mit ordentlich viel Knoblauch darin. Ein paar schwarze und grüne Oliven waren noch auf dem Teller, so wie große rohe Zwiebelringe. Robin trank eine große Kola zum Essen und ich ein frisches kühles Bier aus der Flasche. Zum Essen bestellten wir uns zusammen noch einen großen Griechischen Salat, der eigentlich wie bei unserem Griechischem Restaurant Zuhause angerichtet war.

Nämlich mit Salat, Tomaten, Gurken, Oliven, Zwiebelringen, Schafskäse und einem leckeren Dressing aus Olivenöl, Balsamico und weiteren Gewürzen. Beide waren wir sehr zufrieden mit dem Essen auf dem Schiff der "Europa".

Nach dem Essen liefen wir noch eine Runde auf dem Deck spazieren, duschten und putzen uns die Zähne und machten uns bettfertig. Weil es so warm war tranken wir noch vom mitgebrachten Mineralwasser und ich gönnte mir noch ein viertele Trollinger-Lemberger Wein aus der Heimat, den ich mir in einer kleinen Flasche von Zuhause mitgebracht hatte.

Wir plauderten noch mit unseren Nachbarn, die zwei riesen-große Hunde dabei hatten. Es waren Mischlinge die zwischen sechzig bis siebzig Kilogramm auf die Waage brachten. Ich fragte u.a., wie das mit den Hunden funktioniert, denn die müssen doch auch mal ihr Geschäft machen. Die Besitzer teilten mir mit, dass die Hunde bereits Zuhause nichts mehr zum Fressen bekommen und ganz wenig zum Trinken. So dass das große Geschäft aus bleibt und das Pinkeln können sie sich üblicherweise auch verkneifen. Auf dem Schiff gibt es für die Hunde nichts zum Fressen und zum Trinken, maximal eine flache Hand voll Wasser zwischendurch. Im äußersten Notfall ist aber auf dem Deck des Schiffes ein Hundeplatz, auf dem sie ihr Geschäft machen könnten. Aber die Camper fahren schon viele Jahre auf die Peloponnes und die Hunde kennen diese Prozedur und sind froh mit ihren Besitzern für sechs Wochen in den Urlaub zu gehen. Sie grinste und meinte spaßig, da kommt es auf zwei Tage ohne Futter nicht an, denn in den nächsten Wochen werden sie verwöhnt.

Dann fielen Robin und mir die Augen zu und wir hatten eine sehr angenehme und ruhige Nacht auf dem Schiff, in unseren Schlafsäcken auf den Luftmatratzen.

Am nächsten Morgen entdeckten wir nach der Morgen-
toilette und dem guten Frühstück im Bordrestaurant
den Wellnessbereich mit Whirlpool und einer Sauna,
so wie das Fitnesscenter mit den neusten Sportgeräten.
Natürlich nutzen wir alles und nach dem Mittagessen
gab es einen entspannten Nachmittag am Swimmingpool.

So war der Tag recht kurzweilig und interessant, zumal
wir bei der Vorbeifahrt an der Insel Korfu gute Sicht hatten
und ein wenig von der Insel sehen konnten. Das Aus- bzw.
Einladen am Festland, im Hafen von Igoumenitsa, ging
sehr schnell vonstatten, weil die meisten Gäste nach
Patras auf die Peloponnes wollten. So kamen wir eine
Stunde früher als geplant im Hafen von Patras auf der
Peloponnes an, nämlich um zwanzig Uhr. Das war
prima, denn so hatten wir noch eine gute Chance eine
Übernachtung in dem Ort Kastro Kyllini zu finden.

Frühzeitig liefen wir mit unserem Gepäck zum Motorrad
und packten alles ganz in Ruhe wieder auf die Transalp.
Ich prüfte mein schönes Motorrad auf Kratzer und Lack-
schäden durch den Transport auf dem Schiff der Minoen
Lines. Fand aber nichts und war deshalb sehr zufrieden
mit dem großen Fährschiff auf der Route von Venedig
nach Patras. Nach dem Anlegen der "Europa" konnten
wir relativ schnell über die Decks und der Stahlklappe
den Kollos von Schiff verlassen. Von Patras fuhren wir
auf die Schnellstraße E55 in Richtung Kastro Kyllini,
bzw. Olympia stand oftmals auf den Tafeln der Schnellstraße. Die Schnellstraße ist nicht gut geteert und auf
dem Zweirad muss hier Acht gegeben werden, dass
man nicht versehentlich in ein Schlagloch o. ähnliches
Hindernis hineinfährt. Am besten immer schön in der
Mitte der gewählten Fahrspur bleiben.

Zwischen Lechaina und Andravida biegen wir von der Schnellstraße E55 rechts ab und fahren über die zwei Orte Myrsini und Neochori nach Kastro Kyllini. Nach einer Stunde und zwanzig Minuten kommen wir in dem kleinen Ort Kastro, der am Fuße einer Burganlage auf einem Hügel liegt, an. Es sind knapp achtzig Kilometer, die wir zu zweit auf dem Motorrad zurückgelegt haben. Die Temperaturen auf der Peloponnes sind deutlich höher als diese noch in Venedig waren. Die südliche Lage der Insel Peloponnes ist hier deutlich zu spüren. Wir kommen um kurz nach einundzwanzig Uhr dreißig in der Ortschaft an und schauen nach den Hinweisschildern für eine Übernachtung. Wir haben kein Zimmer über das Netz gebucht, weil wir keine Ahnung hatten, ob die Fähre pünktlich ankommt und ob es möglich ist aus Patras noch am gleichen Abend wegzukommen. Auf halben Weg zum Ortskern sehen wir ein Schild an der Straße mit der Aufschrift Pension. Da es schon spät ist halten wir an und fragen nach einem Zimmer mit Frühstück. Wir hatten Glück und bekamen sofort eine Zusage in dem kleinen zweistöckigen Haus, das auf mich einen sehr freundlichen Eindruck machte, weil viele große Blumen um das Haus gepflanzt waren und alles ordentlich aussah. Wir bezahlten für zwei Nächte gerade mal sechzig Euro mit Frühstück. Das ist mal eine gute Ansage.

Die Transalp stellten wir unter einem Vordach ab u. packen unsere Sachen schnell in das gemietete Zimmer. Als wir fertig waren und in die kleine Ortschaft zum Essen gehen wollten, stoppte uns der Hausherr und meinte einen kleinen Moment. Er bat uns auf die Terrasse und lud uns zu einem Glas Rotwein ein, also mich natürlich nur, Robin bekam ein frisches Glas Mineralwasser. Wir prosteten uns mit "yamas" zu und unterhielten uns nur kurz, weil wir nicht wussten wie lange die Restaurants in der Ortschaft zum Essen noch geöffnet haben.

Der Hausherr empfahl uns die traditionelle Wirtschaft mit dem Namen "Alonysos", er meinte die ist gemütlich und es wird gutes griechisches Essen serviert. In bequemer kurzer Kleidung machten wir uns auf den Weg u. fanden auf Anhieb die Taverne "Alonysos". Das war wirklich nicht schwer, denn es war von fünf Restaurants die einzige die richtig voll war und der Laden brummte. In den anderen, sehr modernen und exklusiven Restaurants war fast kein Gast. Auch ohne den Tipp des Hausherren wäre ich dort eingekehrt. Von einem jungen Mann wurden wir freundlich begrüßt und ich fragte, ob es um diese späte Zeit noch etwas zum Essen gibt. Er lachte und meinte, es ist noch nicht spät und legte uns eine dicke Speisekarte hin. Als wir uns diese anschauten fragte er nach den gewünschten Getränke. Robin bestellte eine kalte Kola und ich ein frisches kühles und vor allem großes Bier, denn ich hatte in der Wärme richtig Durst bekommen. Die Getränke kamen sofort und mir wurde zusätzlich ein ganz kalter Ouzo serviert. Der Kellner meinte, der geht aufs das Haus. Ich freute mich und wir bestellten für Robin ein Teller Gyros mit Pommes und Salat. Ich entschied mich für die gegrillten Kotelett mit Pommes und Salat. Beides kam innerhalb von zwanzig Minuten und war ganz frisch zubereitet. Es schmeckte ebenso gut wie es aussah. Nach dem leckeren Essen bezahlte ich und der Kellner brachte mir noch einen guten und kühlen Quzo aufs Haus, so wie jedem ein Stück Fruchtkuchen mit frischer Schlagsahne. Ich schaute ihn überrascht an und er meinte sehr freundlich, eine kleine Zugabe des Hauses. Das war unsere Wirtschaft in diesem kleinen Ort. Robin freute sich riesig auf den frisch gebackenen Kuchen und aß alles in Windeseile auf, obwohl wir schon satt waren.

Dann liefen wir schnell zur Unterkunft zurück und wollten gleich ins Bett, weil es ein langer Tag war. Da saß unser freundlicher Hausherr mit seiner Frau immer noch auf der Terrasse und winkte uns zu.

Er meinte, auf einem Bein kann man nicht stehen und schenkte uns das gleiche, wie vor dem Besuch der Taverne, ein. Da blieb uns nichts weiter übrig als noch ein wenig zu verweilen und mit den sehr sympathischen Vermietern zu plaudern. Es wurde noch sehr gemütlich, aber auch ein wenig spät. Robin fiel vor Müdigkeit fast vom Stuhl. Da wurde es höchste Zeit fürs Bett. Wir schliefen beide die Nacht durch, ohne auch nur einmal wach zu werden.

Als wir wach wurden roch es schon lecker nach frischem Kaffee im Haus und wir beeilten uns mit der Dusche und frühstückten gemütlich mit den Vermietern an einem Tisch. Es gab frische Brötchen, Schinken, Salami, Käse, Marmelade und sie zauberte ein ganz leckeres Omelette mit Käse auf unseren Tisch. Dazu der gute Kaffee und kühlen Orangensaft.

Am Frühstückstisch, vor dem Baum mit den vielen Lila Blühten, plauderte der Hausherr über seinen Ort Kastro.

Der Bereich Kastro Kyllini besteht im Wesentlichen aus vier Ortsgemeinschaften mit den Namen Kyllini, Kastro, Kato Panagia und Neochori, die alle im Nordwesten der schönen griechischen Halbinsel Peloponnes liegen. Es sind kleine Ortschaften, die zwischen sechshundert u. tausendeinhundert Einwohner haben. Die Bewohner nehmen hier stetig ab und wandern in die großen Städte oder ins Ausland ab, weil dort das Leben mehr bietet und es Jobs zum Geld verdienen gibt. Selbst die vier Ortschaften haben noch jeweils zwischen zwei bis sechs Dörfer und Siedlungen. In dem Dorf Loutra Kyllinis, das zu Kastro dazugehört gibt es warme Quellen, um die sich Hotels und Kureinrichtungen angesiedelt haben. So gibt es wenigstens dort etwas Arbeit. Kastro bildet das Zentrum der Ortsgemeinschaften und bietet alle wichtigen touristischen Infrastruktureinrichtungen.

Die Hafenstadt Kyllini ist der Verwaltungssitz des Gemeindebezirks. Kyllini bildet sozusagen das kleine Zentrum mit Schulen, Banken und touristischer Infrastruktur, vor allem lebt der Ort von seinem Fährhafen. Dieser ist besonders wichtig für die Passagierschifffahrt, weil von hier Fähren zu den Inseln Zakynthos und Kefalonia über setzten.

Bei Kastro steht auf dem zweihundert Meter hohen Berg die Burg Chlemoutsi. Sie wurde zwischen zwölfhundertachtzehn und zwölfhundertdreiundzwanzig unter der Herrschaft von Gottfried II. von Villehardouin dem Fürsten von Achaia gebaut. Die Festung dominiert weit sichtbar über den Bereich der vier großen Gemeinden. Der Name der Burg Chlemoutsi entstand aus dem slawischen und bedeutet kleiner Berg. Der größte Teil der Burg Chlemoutsi ist in seiner Original-struktur erhalten und ist einer der größten und am besten erhaltenen Burgen Griechenlands. Sie ist ein bedeutendes Beispiel der französischen Festungsbaukunst des zwölften Jahrhunderts, aber es ist auch deutlich die byzantinische Architektur erkennbar, die man auf die Beteiligung der Handwerker aus der Umgebung und der Verwendung der einheimischen Baumaterialien zurückführen kann.

Unser Hausherr teilte uns recht freudig mit, er und seine Familie profitieren auch von den vielen Gästen, die oftmals wegen der ruhigen Lage, der schönen Landschaft und den langen und breiten Sandstränden, am Meer, hierherkommen. Ich fragte unseren Hausherrn, woher er denn so gut Deutsch sprechen kann. Er grinste und erzählte uns, dass er hier in Kastro zwar geboren wurde, aber sein ganzes Arbeitsleben in Deutschland verbracht hatte, nun aber als Frührentner wieder in seine gebürtige Heimat zurück gekehrt ist.

Dann plauderte er ein wenig über die Peloponnes, welche leider einer der ärmsten Regionen von Griechenland ist.

Im südlichen Griechenland leben rund eine Millionen Menschen auf der Insel Peloponnes, die eigentlich nur eine Halbinsel ist, weil der Kanal von Korinth künstlich angelegt wurde und damit die Peloponnes vom griechischen Festland trennt. Aber die Einwohner sagen gerne Insel, schließlich ist die Peloponnes komplett vom Wasser umgeben, wenn auch ein ganz kleiner Teil künstlich angelegt wurde. Die Peloponnes werden vom natürlichen Gewässer des Golf von Korinth, dem Ionisches Meer und dem Ägäisches Meer umspült. Wobei das Ägäisches Meer das wichtigste für Griechenland ist, den dort liegt Athen u. die vielen schönen Urlaubsinseln von Griechenland. Die größte Stadt auf der Peleponnes ist Patras mit über zweihundertfünfzehntausend Einwohner. Jedoch historisch am bedeutendsten sind die Städte Korinth im Osten, Sparta im Süden und Olympia im Westen.

Landschaftlich besteht ein harter Kontrast zwischen den rauen, unbewohnten Gebirgen, die über zweitausendvierhundert Meter hoch sind und den fruchtbaren, dicht besiedelten Tallandschaften bzw. dem Flachland am schönen blauen Meer. Die flach abfallenden Gebiete, die oftmals schöne Sandstrände besitzen erstrecken sich im Westen zwischen Patras und Pyrgos und im Süden bei Sparta.

Erdgeschichtlich betrachtet war die Peloponnes ursprünglich eine Insel, die im Laufe der Zeit durch die Nordverschiebung der Afrikanischen Platte und der Arabischen Platte an das griechische Festland gedrückt wurde, dies ist an den deutlichen Spuren der Faltengebirgen zu erkennen. Das Gebirgsland im Zentrum der Peloponnes ist zwischen tausendfünfhundert und tausendneunhundert Meter hoch und schwer zugänglich, es zeichnet sich von oberirdisch abflusslosen Karstbecken aus, in denen teilweise nach regenreichen Wintern temporäre Seen auftreten.

Ein relativ gutes Beispiel hierfür ist die große Ebene des Stymphalischen Sees, der in den Mythen der Antike durch Wort und Bild bekannt ist. Der See ist nur teilweise verlandet und dessen Wasserfläche jahreszeitlich stark schwankt. Die Ebene ist bis heute eine wichtige Zugvögel Raststätte und als ökologisch bedeutendes Feuchtgebiet geschätzt.

Zwischen den bis zu zweitausendvierhundert Meter hohen Gipfeln im Norden und im Süden der Peloponnes liegen sehr fruchtbare Täler, zumindest für griechische Verhältnisse. Leider gibt es, einerseits durch die sehr trockene und heiße Gegend, andererseits von Menschen verursacht, immer wieder heftige und lang andauernde großflächige Feuer auf der Insel. Zum Beispiel zweitausendsieben gab es wochenlang, Tag und Nacht über fünfzig Grad in den Sommermonaten und es entfachte sich ein Flächenfeuer das über vier Wochen nicht gelöscht werden konnte. Unzählige Tiere u. sogar Menschen fielen in dem Jahr den Flammen zum Opfer. Zudem ist die Peloponnes, durch das verschieben der Erdplatten auch noch, neben Italien und Kreta, das am meisten durch Erdbeben gefährdete Gebiet in Europa.

Glücklicherweise konnten wir neben dem ausgiebigen Vortrag des Hausherrn essen und trinken, so verloren wir nicht so viel Zeit. Denn wir freuten uns schon auf die Motorradausfahrt auf der Transalp, ganz ohne Gepäck, zur Hafenstadt Katakolo und dem berühmten Olympia. Ich war froh, dass der gute Hausherr nicht von den vielen historischen Ausgrabungen u. geschichtlichen Ereignissen auf der Peloponnes erzählt hat, denn sonst wären wir mindestens bis zum Mittagessen dort sitzen geblieben.

Wir wollten gerade los, da brachte die Frau des Hausherrn noch für jeden ein Glas Quzo, natürlich nicht für Robin.

Eigentlich war es mir so früh nicht so recht, zumal ich ja noch Motorrad fahren musste. Aber der Gastfreundschaft wegen wollte ich das überaus freundliche Angebot nicht ablehnen. So gab es noch einmal ein "yamas" und dann ging es aber wirklich los. Weil es so heiß war trugen wir nur ein T-Shirt unter der Motorradkleidung und ließen alles offen, wo nur irgendwo etwas Luft durchblasen konnte. So lange wir gefahren sind, war es nicht ganz so schlimm, aber jeder kleine Stopp wurde zur Sauna.

Von Kastro fahren wir auf die Schnellstraße E55, von der wir auch hergekommen sind. Biegen dort nach rechts ab und folgen der Straße bis Lardanos. In dem Ort biegen wir rechts ab und kommen direkt zum Städtchen Katakolo. Unterwegs tanken wir die Transalp nochmal voll u. machen eine kleine Pinkelpause an einer Tankstelle. Da entdeckt Robin einen großen Feigenkaktus voller Früchte. Selbstverständlich laufen wir dort hin und ernten ein paar der saftig süßen Früchte vom Feigenkaktus. Mein Klappmesser habe ich immer dabei wenn ich Motorrad fahre, so ist die Ernte und das Schälen der süßen und saftigen Frucht sehr leicht möglich. Wir sind zum absolut richtigen Zeitpunkt hier, um die lecker Früchte zu ernten. Danach laufen wir zur Tankstelle zurück und waschen uns die Finger. Anschließend setzen wir die Fahrt auf unserem Bike bis nach Katakolo fort. Ohne die Pause hätten wir die achtundvierzig Kilometer bis Katakolo in knapp fünfzig Minuten zurück gelegt. Auch hier ist Vorsicht geboten, gerade auf den kleinen Straßen sind öfters mal Schlaglöcher oder starke Verwerfungen des Teerbelages zu finden.

Um uns besser orientieren zu können fahren wir den Ort Katakolo einmal komplett bis zum Hafen und zurück durch.

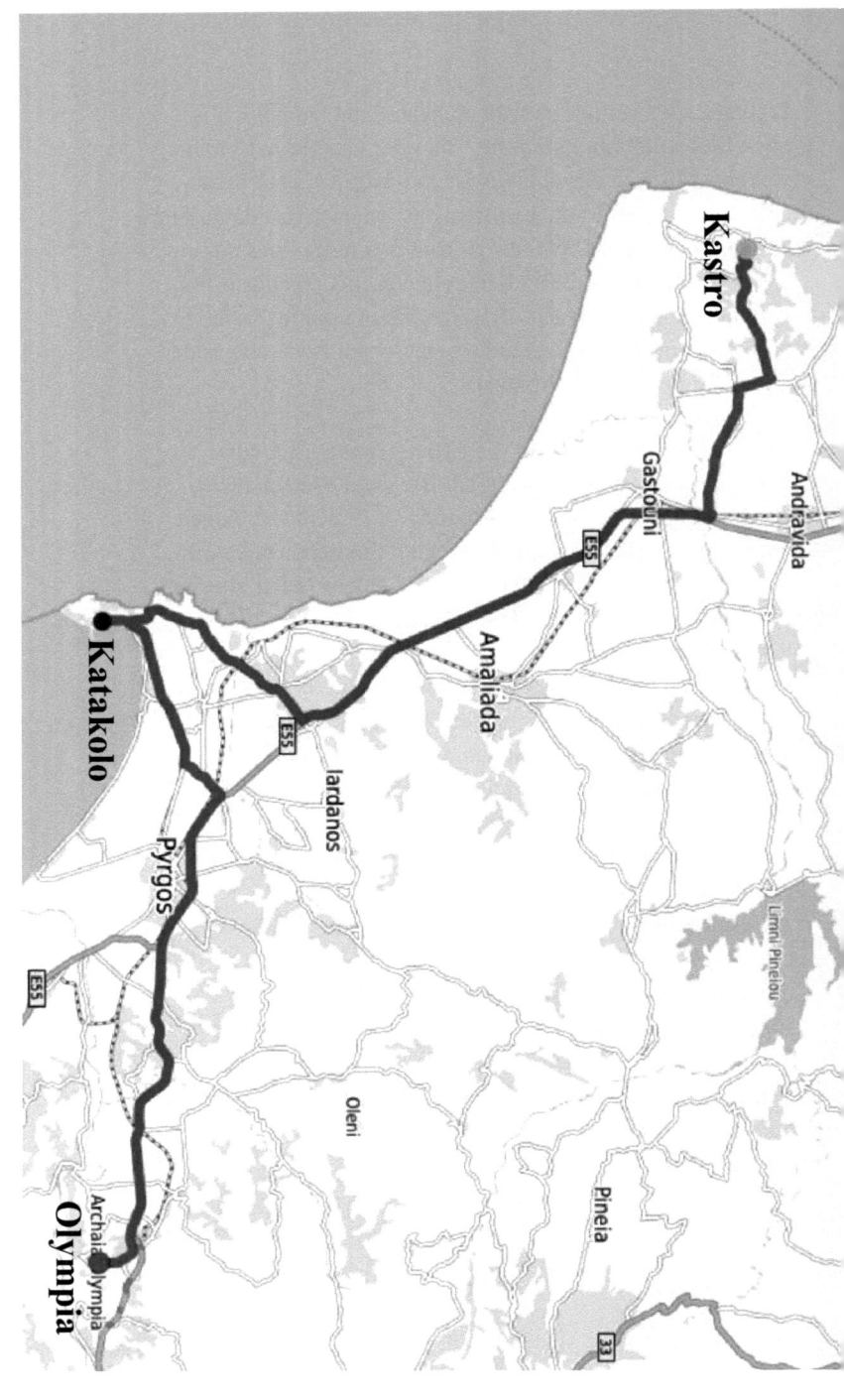

Katakolo ist sehr überschaubar und es leben dort nur rund fünfhundert Einwohner, aber der Ort ist am wachsen. Dies ist dem Hafen mit den internationalen Kreuzfahrtschiffen und seinen unternehmungslustigen Gästen zu verdanken. Denn Katakolo ist aus Sicht der Kreuzfahrer der ideale Ankerplatz um zum weltberühmten Olympia zu gelangen. Es kann von Katakolo mit dem Bus, Zug oder Taxi nach Olympia gefahren werden. Katakolo macht auf mich einen sehr aufgeräumten und ordentlichen Eindruck. Das Hafen-städtchen auf der Westseite der Peloponnes, bietet nicht nur einen guten Startpunkt nach Olympia, sondern hat einen kleinen Innenortskern mit Souvenirläden und gemütlichen Kneipen, die oftmals sehr schön und direkt am Meer liegen, und deshalb eine herrliche Aussicht bieten. Aber auch die langen u. natürlichen Sandstrände laden den Besucher zum Schwimmen und Muscheln sammeln ein. Zumal sich nur wenige Menschen am Strand aufhalten, kann man hier die Seele baumeln lassen und den Tag extrem relaxt genießen.

Beim Vorbeifahren entdeckten wir eine kleine weiß-blaue griechisch-orthodoxe Kirche, die dem Heiligen Nikolaus, dem Schutzpatron des kleinen Küstenortes gewidmet wurde. Über eine weiße Treppe und durch einen Rundbogen kann die einfache, aber sehr hübsche Kirche erreicht werden. Weil die Kirche direkt an der Durchgangsstraße liegt ist sie nicht zu übersehen.

Am Ende des Örtchens Katakolo gibt es auf der rechten Seite einen kleinen Laden, der verkauft u.a. heimischen günstigen Wein. Da ich neugierig bin, habe ich alle drei Sorten (rot, weiß, rose) probiert und ich kann sagen, alle drei Weine schmecken hervorragend. Da habe ich mir für den Abend ein leckeres Fläschchen mitgenommen. Natürlich gab es auch eine große Flasche Wasser und für Robin eine kühle Kola zum trinken.

Nach dem kurzen Besuch des Hafenstädtchens Katakolo geht es auf unserer Transalp weiter in Richtung Olympia. Dazu fahren wir nach Pyrgos, biegen rechts ab und folgen der E55 um den Ort, um dann wieder links abzubiegen u. auf einer kleinen, aber gut geteerten Straße, Richtung Olympia zu fahren. Es sind nur rund vierzig Kilometer, die wir in weniger als vierzig Minuten hinter uns lassen.

Wir fahren direkt bis zu einem kleinen gelben Eintritts-häuschen und fragen an der leeren Kasse, ob wir unser Motorrad ausnahmsweise im Schatten neben dem Häuschen parken dürfen. Der freundliche ältere Herr im Kassenhäuschen grinste uns an und erlaubte uns dies zu tun. Er meinte noch, etwas warm in der schwarzen Motorradkleidung. Da musste ich auch grinsen und ihm leider Recht geben. Wir waren froh, als wir die Motorrad-kleidung ausgezogen hatten und nur in kurzen Hosen und T-Shirt uns zur Kasse begaben um die Tickets zu kaufen.

Zwölf Euro Eintritt musste ich für mich bezahlen, denn Kinder und Jugendliche bis achtzehn Jahre haben freien Eintritt in Olympia. Für diesen Preis dürfen wir die Archäologische Stätte von Olympia, das Archäologische Museum von Olympia, das Museum der Geschichte der Olympischen Spiele in der Antike und das Museum der Geschichte der Ausgrabungen in Olympia besichtigen.

Erstaunlicherweise war kein Besucher weit und breit zu sehen, das ist etwas ganz außergewöhnliches für diese bedeutende historische und kulturelle Einrichtung. Ich war schon öfters hier und meistens treten sich die Gäste gegenseitig auf die Füße. So nutzen wir die Chance um ganz in Ruhe alles anzuschauen. Auch wenn Robin nicht so ganz begeistert über die vielen Steine war, denn für ihn sah das alles gleich aus.

Aber für Heranwachsende in seinem Alter ist das ganz
normal. Ein wenig Geschichte in der Praxis zu erleben
ist eigentlich ein tolle Sache, zumal hier alles sehr gut mit
Schildern und Tafeln erklärt wird. Nach einer Weile taut
Robin auf und interessiert sich doch für den einen oder
anderen interessanten Stein, das Haus oder die gewaltigen
Säulen, die hier überall herumstehen oder liegen.
Natürlich kannte Robin die Bedeutung von Olympia,
denn hier fanden die ersten olympischen Spiele statt
und somit ist Olympia die Geburtsstätte dieser Spiele.

Olympia war das Heiligtum des Zeus und der Austragung-
sort der Olympischen Spiele in der Antike. Am Rande des
antiken Heiligtums befindet sich die einst moderne Stadt
Archea Olymbia.

In dem Land wo der Fluss Kladeos und Alpheios zusammen-
fließen, wird eine lange Besiedlungsgeschichte nachgewiesen.
Die ältesten keramischen Funde im Bereich des Stadions
lassen sich bis in das vierte Jahrtausend vor Christus, also
in das Endneolithikum bzw. in das beginnende Chalkolithikum,
datieren. Somit ist Olympia neben Ajios Dimitrios, einem
Ort bei Lepreon, der zweite Ort in Elis, für den eine so frühe
zumindest temporäre Besiedlung nachweisbar ist. Im Bereich
des Olympischen Stadions sind Funde aus Keramikscherben
aus dem Frühhelladikum I und II, also aus dem dritten
Jahrtausend vor Christus, nachweisbar. Unter dem Pelopion-
Temenos, rund zweihundert Meter westlich des Stadions,
befindet sich ein großer prähistorischer Tumulus. Seine
Kuppe wurde vermutlich bereits in prähistorischer Zeit oder
in der Antike durch Steinraub und Erosion abgesenkt, leider
litt diese aber ebenfalls unter den modernen Ausgrabungen.
Der Tumulus wurde von den Archäologen auf die Zeit
zwischen zweitausendsechshundert und zweitausendfünf-
hundert vor Christus datiert.

Die Geschichte der Siedelung bricht mit der Einrichtung des Heiligtums zu dieser Zeit ab, weil im Zeus gewidmeten Bezirk keine menschlichen Bewohner erlaubt waren. Die Kultstätten wurden zu Ehren des Gottvaters errichtet und knüpfte dabei an ältere Traditionen an. Der Kronoshügel wurde bereits vor der dorischen Wanderung als Ort göttliche Macht verstanden. Deshalb wurden chthonische Götter, insbesondere die Göttin Ge, die im weiteren Verlauf der Geschichte einen Platz im Heiligtum von Olympia behielt, an diesem Ort bereits verehrt. Ihre Kraft der Weissagung der Ge ging auf das Orakel des berühmten und gewaltigen Zeus über. Es erreichte jedoch nie die Bedeutung Delphis. Die älteren lokalen Traditionen wurden also mit dem Heiligtum des Zeus, dem olympischen Kult verbunden.

In der Zeit des Heiligtum etwa in der Mitte des elften Jahrhunderts vor Christus entstand die Abhaltung erster regelmäßiger Wettkämpfe. Im siebten Jahrhundert vor Christus erhielten die monumentalen Gebäude ihre endgültige Form. Bereits im vierten Jahrhundert, so wie in der hellenistischen und römischen Epoche wurden bereits Gebäude gebaut. Der oströmische Kaiser Theodosius II. ließ die olympischen Spiele und Weihehandlungen im Jahre vierhundertsechsundzwanzig endgültig verbieten. Dabei wurde offenbar das Heiligtum des Zeus zerstört. Die Griechen verehrten dieses Heiligtum und den Wettkampf der Spiele so sehr, dass sie bis ins sechste Jahrhundert heimlich und auf niedrigstem Niveau den Geist und die olympischen Spiele weiter betrieben. Durch Überschwemmungen und den damit mitgeführten Schlamm, so wie einem gewaltigen Erdbeben im Jahre fünfhunderteinundfünfzig wurde die Kultstätte zerstört. Weitere schwere Überschwemmungen sorgten dafür, dass die Siedlungen im frühen siebten Jahrhundert von der damaligen Bevölkerung komplett aufgegeben wurde,

Über zwei Jahrhunderte wurde diese Kultstätte mit bis zu fünf Meter hohen Sandschichten zugedeckt. Aber in der Neuzeit stieg wieder das Interesse an der antiken Kultstätte. Die Wiederentdeckung erfolgte im Jahre siebzehnhundertsechsundsechzig und unter deutscher Leitung begannen erste systematische und gründliche Ausgrabungen im Jahre achtzehnhundertvierundsiebzig. Erst viele Jahrzehnte nach der Freilegung wurden die kulturellen Bauten und der Platz der Olympischen Spiele in die UNESCO-Liste der Weltkulturerbestätten aufgenommen. Wie schon erwähnt, wütete im Jahre zweitausendsieben einer der schwersten Waldbrände auf der Peloponnes und zerstörte einen großen Teil der alten Baumbestände um die antiken Stätte. Mit viel Glück wurde damals das Museum vor den Flammen gerettet. Danach erfolgte sofort eine umfassende Wiederaufforstung, um das alte und ursprüngliche Bild der Anlage wieder herzustellen.

Der Kernbereich des Heiligtums von Olympia, wird als Altis der heilige Hain von Olympia bezeichnet. Die ursprüngliche Keimzelle des Kultes auf der Altis bildete das "Pelopion", ein Tumulus aus der frühen Bronzezeit, den Herakles dem Pelops aufgeschüttet hat, das ein kultischer Kern des Brandopferaltars für Zeus geehrt wurde. Jedoch wurde ein Grab unter dem Hügel nicht gefunden. Die Opfergabe, der Hauptbestandteil der kultischen Verehrung, wurde östlich oder südöstlich des Pelopions im Freien vor dem großen Altar des Zeus durchgeführt. In der Mitte der olympischen Spiele wurden dort einhundert Ochsen geschlachtet und zu Ehren Zeus verbrannt. Die Asche wurde mit dem Wasser des Alpheios vermischt und gepresst, anschließend auf dem Altar zu einem großen Haufen aufgeschichtet, der über die Jahrhunderte zu einem stattlichen Berg angewachsen ist.

Es gab mehrere Keimzellen des Kultes, eine bedeutende war die Erdspalte am Fuße des Kronoshügels, die ursprünglich einer weiblichen Gottheit gewidmetem olympischen Orakel verehrt wurde und später von Zeus übernommen wurde. Dieses Orakel war auch ein wichtiger Bestandteil in der historischern Zeit. Über einen langen Zeitraum entstanden mehrere Tempel und Altäre im Heiligtum, den zu Ehren zahlreichen Göttern Opfer gebracht wurden. Es wird immer wieder die Anzahl von neunundsechzig gezählt. So entstanden auch zahlreiche griechische Schatzhäuser der Stadtstaaten auf den erhöhten Terrasse am Fuß des Kronoshügels, westlich davon befand sich das Prytaneion.

In der Altis wurden zahlreiche Votivgaben, u.a. aus erbeuteten Waffen und Rüstungen, gefunden. Zudem wurden aus Dankbarkeit eines erfolgreichen Krieges Statuen des Zeus oder der Nike gestiftet. Über die Zeit wurde die Altis immer reicher an Weihgeschenken, die oftmals in Form von Statuen aus Dankbarkeit für Olympiasiege gestiftet wurden. Die Altis, das Temenos Olympias, wurde im vierten Jahrhundert vor Christus mit einer langen Mauer, die vermutlich fünf Eingangstore besaß, umschlossen.

Für die Verwaltung und den Betrieb des Heiligtums u. der Wettkampfstätten entstanden zahlreiche Gebäude außerhalb des Temenos. Im sechsten Jahrhundert vor Christus war das Buleuterion der Sitz des Olympischen Rates. Das Leonidaion war das größte Gebäude in Olympia und wurde als Gästehaus, das ungefähr hundertfünfzig Personen Platz bot, im vierten Jahrhundert vor Christus, in der römischen Zeit, umgebaut.

Als Trainingsstätten für die Athleten diente das Palästra und für die leichtathletischen Wettkämpfe ein Gymnasion, dass mit einem prunkvollen Propylon ausgestattet war.

Es gab zur damaligen Zeit auch schon sehr viele Annehmlichkeiten für die Gäste, so wurde dort u.a. ein Badehaus, so wie mehrere Thermen in der römischen Zeit errichtet. Die sportlichen Wettkämpfe fanden in einem Stadion statt, die nach dem Bau des Zeustempels nach außerhalb der eigentlichen Altis verlegt wurden. Die damals größte Anlage war der Hippodrom, der später vom Fluss weggespült wurde.

Ich möchte nur eines der wichtigsten Gebäude von Olympia etwas näher beleuchten, vorstellen und wenige Basisdaten benennen, denn sonst geht dieser Reisebericht zu stark in die Richtung Olympia und dessen Geschichte.

Der im Nordteil der Altis liegende Heratempel ist der älteste Peripteraltempel im Heiligtum u. einer der frühesten dorischen Tempel in Griechenland. Dieser Tempel wurde um sechshundert vor Christus von der triphylischen Stadt Skillous errichtet. Zu Beginn des vierten Jahrhunderts nach Christus wurde der Tempel durch ein Erdbeben zerstört und anschließend nicht wieder aufgebaut. Dieser große Bau hatte am Stylobat fünfzig Meter auf knapp neunzehn Meter und mit einer Ringhalle von sechs auf sechzehn Säulen einen verhältnismäßig langgestreckten Grundriss. Anfangs wurden die wuchtigen Säulen aus Holz gebaut, später aber zu unterschiedlichen Zeiten durch Steinsäulen ersetzt, deshalb sehen die Säulen auch ganz unterschiedlich aus. Die Wände waren im Sockelbereich aus Stein errichtet und der Aufbau darüber in altertümlicher Weise aus Lehmziegeln gemauert.

Die tragenden Elemente, das Gebälk über den Säulen bestand aus massivem Holz. Ein sogenanntes lakonisches Dach bildete die Deckung des Baus. Die Giebel wurden von scheibenförmigen Akroteren aus Ton bedeckt, die jeweils aus einem Teil gebrannt waren und einen Durchmesser von über zweieinhalb Metern besaßen. Im Inneren des Tempels waren u.a. zwei große Kultbilder, eines die sitzende Hera, das andere der stehende Zeus. Zudem wurden im Tempelinneren zahlreiche Götterbilder und andere Weihgeschenke aufbewahrt. Einer der wenigen Gegenstände die aus dem Heratempel stammen und bis heute im Museum von Olympia ausgestellt sind ist der Hermes des Praxiteles. Die Siegerkränze zu den olympischen Spielen wurden auf einem Tisch im Heratempel ausgelegt. Das Feuer für die olympischen Spiele der Neuzeit wird seit neunzehnhundertsechsunddreißig am Heraaltar entzündet.

Der Zeustempel wurde zwischen vierhundertzweiundsiebzig bis vierhundertsechsundfünfzig vor Christus vom Baumeister Libon von Elis errichtet. Mit seinen sechs auf dreizehn Säulen, so wie den Abmaßen am Stylobat von vierundsechzig auf achtundzwanzig Meter, war das Bauwerk eines der bedeutendsten Gebäude der frühklassischen Architektur. Der einfache Muschelkalkstein, aus der Umgebung, wurde als Baumaterial verwandt und die Sichtoberflächen mit einer ganz dünnen Stuckschicht überzogen, die oftmals nur ein Millimeter dick war.
Um das Ganze noch etwas aufzuwerten wurden einzelne Bauglieder farbig gestaltet. Hier wurde sogar das Dach mit hochwertigem Marmor eingedeckt. Die Giebelflächen des Zeustempels waren mit schönen Marmorskulpturen verziert. Im Giebel auf der Ostseite ist die Wettfahrt zwischen Oinomaos und Pelops dargestellt. Im westlichen Giebel wird der Kampf der Lapithen gegen die Kentauren während der Hochzeit des Peirithoos gezeigt.

Die gut erhaltenen Giebelskulpturen und Metopen gehören
zu den wichtigsten Vertretern des Strengen Stils. Eines zu
der Antike zählenden sieben Weltwunder, wurde in Form
der zwölf Meter hohen Zeusstatue des Phidias aus Gold
und Elfenbein, in der Cella des Tempels ausgestellt.

Die Zeusstatue wurde etwa hundert Meter westlich des
Tempels, in der Werkstatt des Phidias, die zweiunddreißig
auf knapp fünfzehn Meter maß, kunstvoll hergestellt.
Nur durch den Fund der Materialien, die vom Bau der
gewaltigen Zeusstatue zurück blieben, konnte der Nach-
weis darüber geführt werden, das dies die Werkstatt
des Phidias war.

Der Eingang in Form eines Rundbogens zum Stadion,
das mit seinen Ausmaßen von zweihundertdreizehn
Meter Länge schon damals ordentlich groß war und
auf den umlaufenden Erdwällen rund fünfundvierzig-
tausend Besucher Platz fanden. Die Laufbahn im
Stadion betrug zusammen auf beiden Längsseiten
über hundertzweiundneunzig Meter und war rund
zweiunddreißig Meter pro Seite breit. Im Jahre neun-
zehnhunderteinundsechzig wurde die originale Fläche
des Stadions wieder freigelegt. Auf einer der Längsseiten war eine kleine Steintribüne für die Kampfrichter
gebaut u. parallel gegenüber ein Steinaltar für die oberste
Priesterin des Heratempels. Erreicht wurde der Turnier-
platz durch einen steinernen Gang vom Altis zur Wett-
kampffläche des olympischen Stadions. Damals waren
alle Stadien unterschiedlich groß und hatten Längenmaße
zwischen hundertsechsundsiebzig bis hundertsiebenund-
neunzig Meter.

Nachdem wir alles ausgiebig betrachtet hatten
füllte sich das Gelände von Olympia und wir liefen
zum Museum und schauten uns dort alles in Ruhe an.
Das war ganz angenehm, denn im Museum war es
nicht ganz so heiß wie zwischen den, von der Sonne
aufgeheizten Steinen, auf dem freien Platz des Geländes.
Besonders beeindruckend ist das alte- und neue Museum
auf dem Gelände der Ausgrabungen, denn hier werden
die besonders schönen Fundstücke in Vitrinen, hell
beleuchtet zur Schau gestellt und alles gut erklärt.

Insgesamt fanden wir es sehr interessant und
beeindruckend, sich auf so alten Spuren zu bewegen
und die Geschichte live zu erleben. Auch Robin
entdeckte das eine oder andere wieder, was er in der
Schule schon gelernt hatte und er konnte sein Wissen
über Olympia erweitern. Aber so einen kulturellen
Tag sollte es im Urlaub, auf einer so schönen Insel,
nicht so oft für Heranwachsende geben, denn sonst
könnte die Urlaubsfreude auch schnell kippen.

Der Tag war recht anstrengend und so waren wir froh,
als wir wieder auf unserer Transalp saßen und wir uns
auf die Rückfahrt nach Kastro machten. Die Sonne
ging schon unter und so wehte uns der angenehme
kühlere Wind um unsere leichte Motorradkleidung.

Weil es schon wieder so spät war und wir so einen
großen Durst und Hunger hatten, fuhren wir direkt zu
unserem Restaurant, in dem es uns so gut gefallen hatte.

Kaum war das Motorrad abgestellt, da eilten wir zum
Tisch und bestellten auf dem Weg schon eine große
Kola für Robin und ein ganz großes kühles Bier für
mich. Das erste Getränk wurde ausnahmsweise fast
auf Ex geleert und sorgte für Entspannung.

Wir hatten so einen großen Hunger, dass jeder eine
griechische Platte mit Schweinfleisch am Spieß, Lammkotelett, Gyros, Tzatziki mit richtig viel Knoblauch, grüne-
und schwarze Oliven, Schafskäse, große Zwiebelringe und
eine leckere leicht scharfe rote Soße, bestellte. Auf einem
separaten Teller kam eine Riesenportion Pommes Frites
mit Tomatenketchup und Mayonnaise. Dazu aßen wir
parallel zu zweit, einen großen Griechischen Salat.
Vor dem Essen bekam ich schon den ersten großen Ouzo,
natürlich aufs Haus und ein weiteres kühles frisches Bier.
Auch Robin war so durstig, dass er eine zweite große Kola
benötigte. Aber dann konnten wir unser festliches Mahl
genießen. Es war so herrlich frisch und geschmacklich gut.
Wir tauschten untereinander das Essen, weil Robin kein
Lammkotelett mochte, ich es aber liebte und er dafür
mein Schweinefleisch am Spieß bekam, das er lieber aß.
Wir waren vollkommen satt nach diesem vorzüglichen
Mahl, oder besser gesagt wir waren kurz vor dem Platzen.

Entspannt lehnten wir uns zurück, unser Ober brachte
jedem noch ein großes Mineralwasser mit einer Scheibe
Zitrone und so schauten wir zufrieden und glücklich in
die Nacht. Fast wären wir von dem anstrengenden Tag
und dem vollen Magen am Tisch eingeschlafen. Da
kam unser Ober mit einem doppelten Ouzo für mich,
der natürlich wie immer aufs Haus ging. Eine Minute
später stellte er uns zwei Spaghettieis mit Himbeeren,
Schlagsahne und großen Waffeln auf unseren Tisch und
freute sich riesig als er zu uns sagte, das ist ein Geschenk
des Hauses. Er wünschte uns dazu guten Appetit. Beide
waren wir sehr erstaunt, aber auch erfreut, wussten aber
aber nicht, ob wir dies noch schaffen könnten.

Natürlich rissen wir uns zusammen und bewältigten
die Portionen, bezahlten mit großzügigem Trinkgeld
und fuhren in unsere Pension, um dort ins Bett zu fallen.

Da wartete unser gemütliche Hausherr mit seiner lieben
Frau schon auf uns zwei und so kam es wie es kommen
musste. Wir saßen dort nochmals zwei Stunden und hatten
wieder nette und gute Gespräche mit den Beiden, die uns
immer wieder mit den üblichen Getränken versorgten.
Es war ein sehr schöner Abend, aber wir waren todmüde
und schliefen wieder die Nacht durch, bis der Kaffeeduft
das kleine Haus durchströmte.

Wir bekamen wieder so ein tolles Frühstück wie am
Vortag und genossen die Zeit mit unseren Gastgebern.
Dann hieß es Motorradkoffer packen und uns von
den zwei lieben Menschen verabschieden, um die
Fahrt auf der Transalp nach Pylos, in den Südwesten
der Insel Peloponnes, anzutreten. Wir fahren die
gleiche Strecke wie nach Olympia, nur bleiben wir
auf der Schnellstraße E55 bei Pyrgos und folgen
dieser Straße über die Ortschaften Kaiafas, Tholo,
Elea, Kalo Nero, Kiparissia, Filiatra, Gargaliana
und Hora Gialova bis wir unser Ziel bei Pylos
erreichen. Umso weiter wir in den Süden fahren,
desto schlechter wird die Straße. Obwohl wir auf
einer Reiseenduro sitzen, werden die Federbeine
der Transalp ganz schön belastet. Teilweise ist die
Straße in sehr schlechtem Zustand u. der Teerbelag
ist mit Rissen durchzogen oder ganz durchlöchert,
zum Teil fehlen große Platten Teer komplett und
wir müssen diese Passagen vorsichtig umfahren.
Leitplanken sind nur selten angebracht und der
Straßenverlauf mündet manchmal in sehr kleine
und total unerwartete Kurven o. heftigen Kuppen.
Hier ist absolute Vorsicht geboten, vor allen wenn
man wie wir zu zweit auf einem voll beladenen
Motorrad sitzt. Dazu lässt durch die große Hitze
und der schwarzen Motorradkleidung die
Konzentration sehr schnell nach.

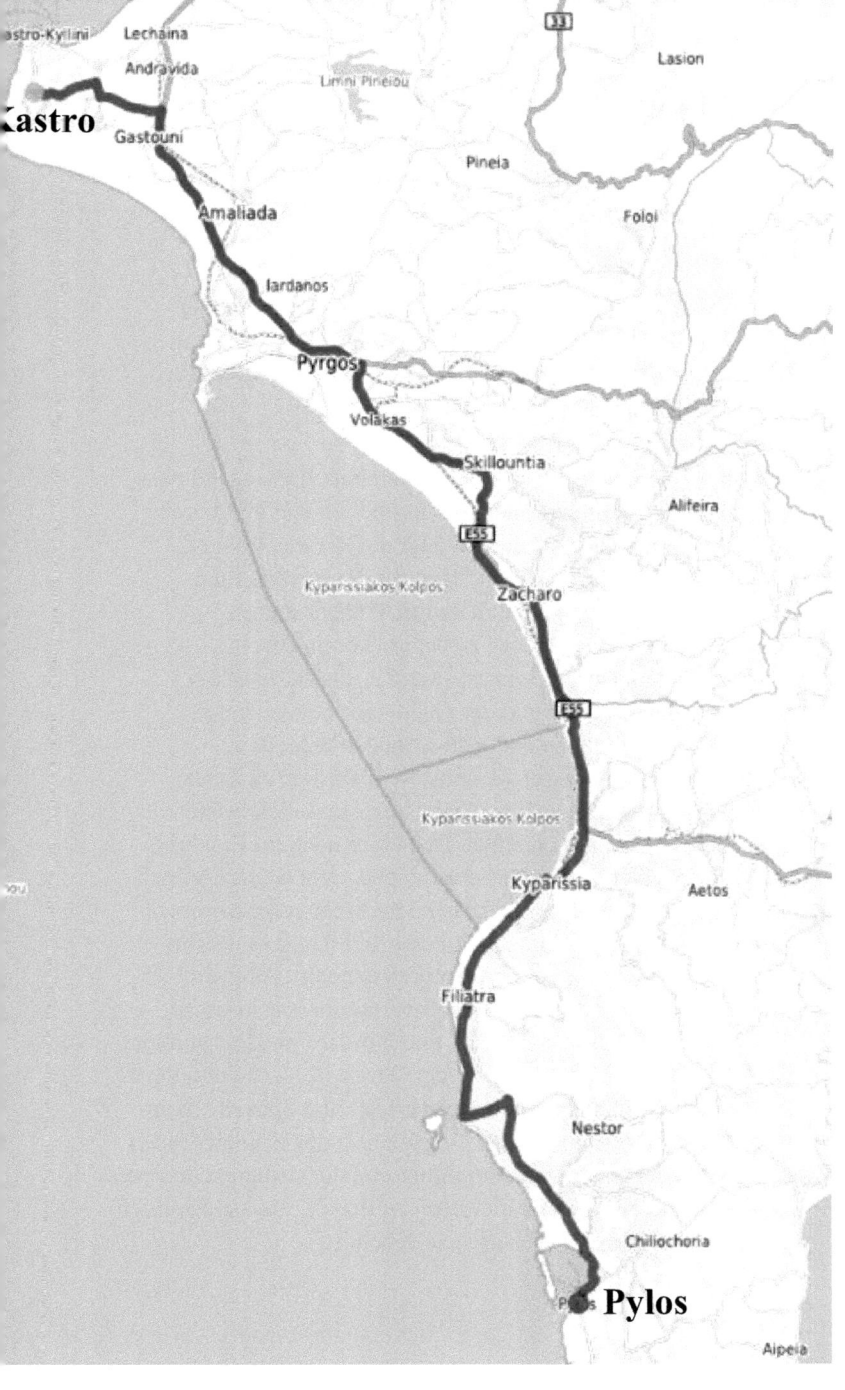

Umso weiter wir der Straße in den Süden folgen, desto natürlicher und ländlicher wird die Gegend und die Temperaturen steigen kontinuierlich an. Die Landschaft ist fantastisch und wechselt sich zwischen Sandstränden und schroffen Felsen ab. Aber eines ist fast überall gleich, das Gras und die Sträucher sind ordentlich von der Hitze des Sommers in Mitleidenschaft gezogen und der grüne Farbton an den Pflanzen fehlt oft teilweise oder ganz u. wechselt stattdessen in ein vertrocknetes Braun.

Ich bin ja ein echter Griechenland Fan, die Gegend ist toll, die Menschen sind sehr freundlich und hilfsbereit. Es gibt ein fantastisches Wetter auf der Peloponnes, zumindest für Touristen, denn für die Bevölkerung könnte es hier öfters und deutlich länger regnen. Die mediterrane Küche ist sehr bekömmlich und schmeckt mir immer, aber das allerbeste ist der griechische Wein und der Ouzo nach dem leckeren Essen. Die langen und leeren Sandstrände, das kristallklare Wasser, ja selbst Schildkröten zu Land und im Wasser, so wie Chamäleons und viele weitere Echsenarten u. Schlangen leben hier noch im Einklang mit der Natur. Es gibt Pelikane und viele weitere Vögel zu sehen. Das ganze Jahr kann im Meer geschwommen werden, wenn man nicht zu empfindlich ist und keine karibischen Wassertemperaturen benötigt. Aber im Winter ist das Meerwasser hier immer noch so warm wie das Wasser in der Ost- und Nordsee im Hochsommer. Die Peloponnes haben auf der Westseite flache abfallende und breite Sandstrände, auf der Ost- und Südseite mehr Felsküste. Im Innern der Peloponnes gibt es noch grünen Wald der sehr angenehm duftet und die Grillen laut zirpen. Rotwild aller Art ist hier noch zu finden, was gelegentlich auch auf den Speisekarten zu sehen ist.

Hier leben zirka eine Millionen Menschen auf knapp zweiundzwanzigtausend Quadratkilomete Fläche. Besonders auf dem Weg nach Pylos ist das Land dünn besiedelt und die Natur kann sich hier üppig ausbreiten. Auch auf den Straßen ist dies deutlich zu sehen, denn immer wieder entdecken wir tote Tiere, wie Schlangen, Echsen, Schildkröten, Säugetiere aller Art, auf unserer endlos scheinenden Straße. Die gefahrene Distanz ist zwar nur hundertsechzig Kilometer, aber gefühlt deutlich länger. Dies kommt durch die oftmals gezwungene extrem langsame Fahrweise, bedingt durch die Straßenverhältnisse. Aber auch durch die vielen Stopps, um unseren Flüssigkeits- haushalt auf dem Gleichgewicht zu halten. Wir schwitzen trotzdem mehr als wir trinken, das lässt sich leicht daran erkennen, dass wir nicht einmal auf der Tagestour pinkeln mussten. Nach über drei Stunden erreichen wir unser Ziel.

Kurz vor Pylos landeten wir an der Bucht von Navarino auf dem drei Sterne Campingplatz Erodios, der direkt am Strand liegt und alle Annehmlichkeiten, die ein Camper braucht, mit sich bringt. Das ist für uns ein Zeltplatz unter einer schattenspendenden und luftdurchlässigen Plane, ein kleines Lebensmittelgeschäft, Restaurant, Duschen, WC, schöner Sandstrand, Liegen und Schirme, so wie eine sehr ruhige Lage. Für das Aufstellen unseres mitgebrachten blauen Igluzeltes, dem Motorrad, Robin und mich kostete uns die Nacht rund dreißig Euro, weil wir aber länger dort blieben, bekamen wir eine Nacht geschenkt. Wir machten uns den Stress und bauten sofort nach dem Einchecken auf dem Campingplatz unser Zelt auf und richteten alles häuslich ein. Danach schnell in die Bade- hose und in das frische blaue Wasser des Mittelmeeres an der Bucht des Navarino Beach. Nach einem Bad im Meer und einer relaxten Zeit auf der Liege kam der große Durst und der noch größere Hunger.

Weil wir vom bisherigen Tag schon relativ erschöpft waren, wollten wir uns nicht mehr viel bewegen und aßen deshalb im Campingplatzrestaurant. Es gab Kohlrollanden mit Sosse und Kartoffelpüree, so wie einen kleinen Griechischen Salat. Geschmacklich war das Essen gut und die Portion war für uns relativ groß. Robin bekam wie immer eine große Kola und ich ein großes kühles Bier. Den restlichen Tag ließen wir gemütlich angehen und verbrachten ihn am Meer mit Schwimmen und Sonnen.

Die Nacht im Zelt war so heiß, dass wir nur in Shorts auf dem Schlafsack über der Luftmatratze schliefen. Nur so konnten wir die Temperaturen ohne Klimaanlage ertragen. Vorab sei gesagt, den Schlafsack benötigten wir keine Nacht. Da ich wusste, dass es in Griechenland zu dieser Zeit sehr warm ist, hatte ich nur einen Miniaturschlafsack eingepackt.

Nach dem gemütlichen Frühstück auf dem Campingplatz wollten wir nur ein paar Meter fahren und einen kleinen Ausflug mit Mittagessen verbinden. Wir entschieden uns für den Geheimtipp Kalamari Wasserfall, der nur ein paar Kilometer von unserem Campingplatz entfernt ist. So ganz ohne Gepäck starteten wir mit der Transalp, ausnahmsweise nur mit kurzer Hose, T-Shirt und Helm, so wie den Badehosen im kleinen Rucksack. Unterwegs entdeckte Robin eine riesengroße Zitrone, die selbstverständlich stolz im Buch dokumentiert werden musste.

Vom Campingplatz biegen wir rechts ab und folgen der Straße, bis wir die Schnellstraße E55, oder wie sie hier mit Neun genannt wird, kreuzen. Dann links abbiegen u. sofort die nächste Abfahrt rechts runter fahren. Ein paar Kilometer bleiben wir auf der Straße und biegen in einer scharfen Rechtskurve rechts im spitzen Winkel auf den geschotterten Feldweg.

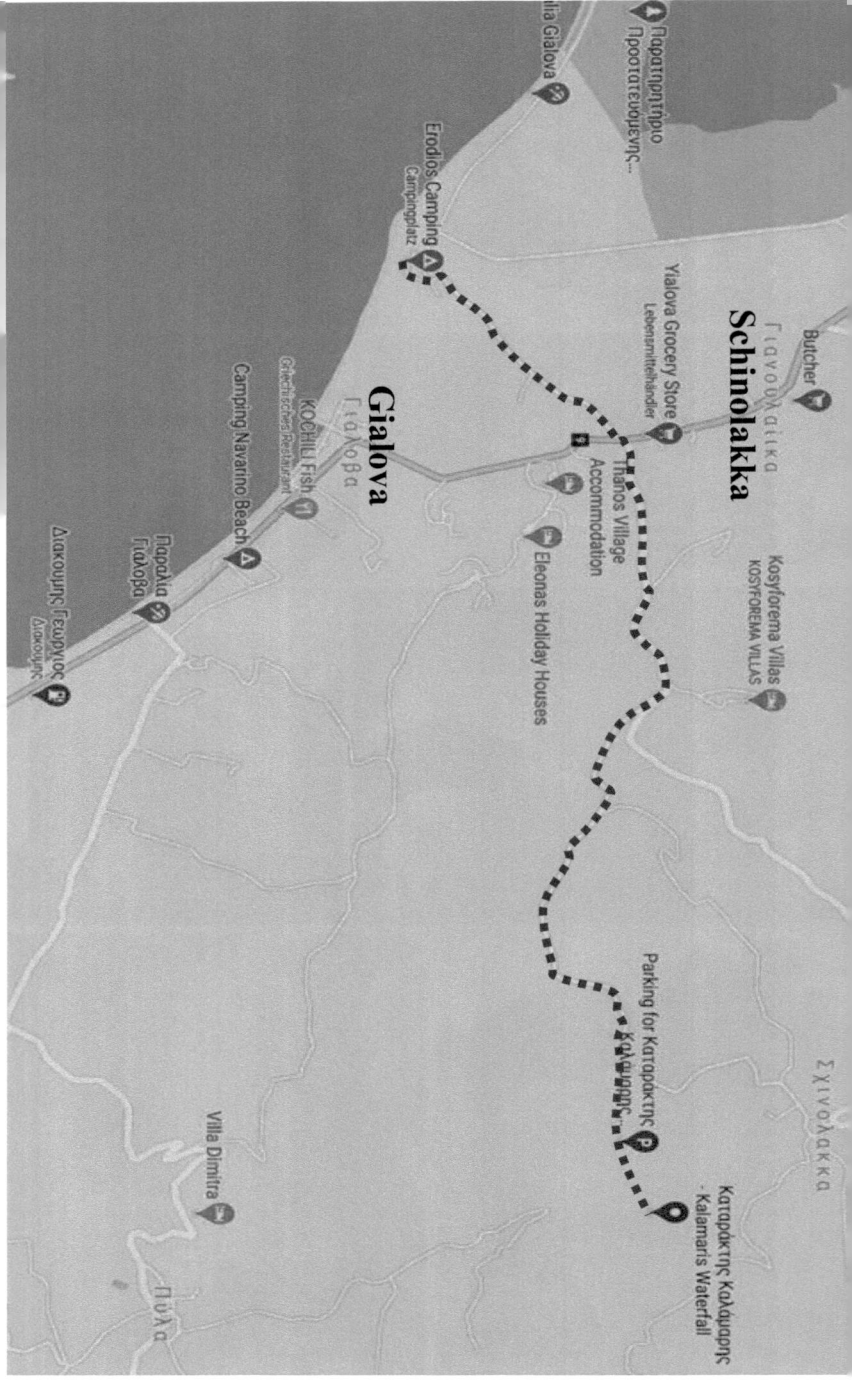

Diesen geschotterten Feldweg folgen wir ein paar Kilometer, bis kurz vor dem Ende des Schotterweges auf der linken Seite der Parkplatz für den Kalamari Wasserfall erscheint. Es ist aber nur ein unbefestigter Platz unter den Olivenbäumen. Dort wird das Motorrad abgestellt und es geht dem weißen Schild mit blauer Aufschrift "Kalamaris Waterfalls 15 min."dem Pfeil folgend, zu Fuß entlang. Es ist ein kleiner lehmiger Trampelpfad der sich zwischen den Büschen und Bäumen, überwiegend durch den Wald, schlängelt. Wer den Einstieg zum Trampelpfad gefunden hat, der wird sich nicht mehr verlaufen. Im Wald ist es zwar etwas erfrischender und man entkommt kurz den heftigen Sonnenstrahlen, aber dafür warten bereits viele kleine Stechmücken auf uns. Wir waren den ganzen Weg verunsichert, weil wir keinen Wasserfall gehört oder gar gesehen haben. In einer Senke erscheint der Kalamari Wasserfall dann vor uns. Es ist eher ein trauriger Anblick, denn am Wasserfall rinnen nur wenige Tropfen Wasser ab und zu herab und der kleine Teich unter dem Wasserfall ist fast leer. Es reicht gerade noch für ein paar Kaspische Bachschildkröten oder auch Kaspische Wasserschildkröten genannt, Mauremys caspica auf Latein, die im niedrigen Wasserstand schwimmen können. Die kleinen, etwa zwanzig Zentimeter langen und mit hellen Längsstreifen versehenen Sumpfschildkröten versuchen sich hektisch unter Wasser zu verstecken. Bei einem klaren Wasserstand von rund vierzig Zentimeter ist das eine relativ aussichtslose Sache. Wir beobachten die schönen Tiere eine Weile und hoffen, dass es bald regnet, denn sonst sitzen die armen Geschöpfe im Trockenen. Beim Beobachten entdecken wir auch kleine Frösche, die als Sumpfschildkrötenfutter bestimmt taugen. Es war eine kleine abenteuerliche Anfahrt und ein interessanter Weg, aber zum Schwimmen reichte das Wasser um diese trockene Jahreszeit leider nicht mehr. Die Badehosen hätten wir besser auf dem Campingplatz gelassen.

Trotzdem hat uns dieser Ausflug Spaß bereitet, vor allem weil alles so schlecht beschildert ist und es eine gewisse Zeit benötigte den Weg zum Wasserfall zu finden. Eigentlich wie eine "Schnitzeljagd" im Schwäbischen. Unsere Empfehlung zum Besuch des Wasserfalls, auf jeden Fall festes Schuhwerk u. Mückenspray mitnehmen. Wenn der Wasserstand höher ist, macht es sicherlich Spaß in dem frischen und kühlen Wasser zu planschen oder gar zu schwimmen. Auf dem Rückweg fängt Robin noch ein paar Kühe mit dem Lasso u. füttert sie mit dem trockenen Stroh, das auf der Wiese liegt. Robin hatte sichtlich Spaß an unserem Tagesausflug.

Nachdem wir wieder am Parkplatz angelangt sind, fuhren wir weiter mit der Transalp durch die Pampa, bis wir in einer kleinen Häuseransiedlung eine Taverne entdeckten. Dort gab es gegrillten Tintenfisch mit Pommes und einen großen Griechischen Salat. Natürlich hatten wir auch Durst, aber Robin hatte Pech, denn es gab keine Kola, sondern nur kühles Mineralwaser. Für mich hatte die nette Wirtin aber ein frisches Bier aus der Flasche, denn ein Faß lohnt sich hier nicht, teilte uns die Wirtin freundlich mit. Allerdings kostete ich auch ein Glas vom selbst angebauten Rotwein. Der halbtrockene Wein schmeckte ganz gut, war aber sehr kräftig. Sogar einen doppelten Quzo bekam ich noch nach dem Essen, als Zugabe von der Wirtin. Wir waren die einzigen Gäste in der Taverne und ich hatte das Gefühl, dass die Eigentümerin sich nicht nur wegen dem kleinen Gewinn freute, sonder weil sie Unterhaltung hatte. Nach dem guten Essen und den vielen Getränken bezahlte ich u. wunderte mich, das wir so wenig zu bezahlen hatten. Für die gute Bewirtung und der überaus netten Unterhaltung gab ich der Eigentümerin der Taverne ein großzügiges Trinkgeld.

Wir fuhren wieder zurück zum Campingplatz und verbrachten den restlichen Tag relaxt am Meer auf unseren Sonnenliegen, oder waren im frischen Wasser.

Die nächsten Tage verbrachten wir mit ein paar Motorradausfahrten nach Messini, Kalamata, Areopoli, Githio, Monemvassia, Sparta und Tripoli. Die Straßen durch die zerklüfteten Berge und parallel zu den Stränden machten uns richtig viel Spaß, zumal wir immer ohne Gepäck und nur mit leichter Kleidung unterwegs waren. In dieser Gegend ist zu dieser Jahreszeit wenig los, ganz besonders über die heiße Mittagszeit. Gerne würde ich über jeden Ausflug ganz ausführlich berichten, aber dann wird es viel zu viel für ein kleines Buch und eventuell auch langweilig, weil sich doch einiges sinngemäß wiederholt.

Wenn wir nicht mit dem Motorrad unterwegs waren, dann genossen wir das blaue Meer, aßen gutes Essen oder ließen uns die Eisbecher oder das frische Obst schmecken.

Auf unserem Campingplatz lernten wir ein nettes, junges Paar kennen, die schon oft hier waren und uns unbedingt mit ihrem motorisierten Schlauchboot mit zur Navarino Burg, dessen Höhlen und den traumhaften Sandstrand von Voidokilia Beach mitnehmen wollten. Dazu trafen wir uns früh am Morgen u. fuhren pünktlich mit dem voll getankten Schlauchboot von unserem Campingplatz los. Ausgerüstet mit Proviant, Wasser, Hut, Camera und Sonnenschutzcreme, das wir in der hölzernen Bootskiste im grauen Schlauchbot unterbringen, starten wir unsere große Tagestour. Robin und ich sind erstaunt, wie schnell der kräftige Verbrennungsmotor das Schlauchboot mit uns vier Personen vorantreibt. Trotzdem benötigen wir eine gute Stunde bis wir vom Campingplatz am Strand der Burg anlegen

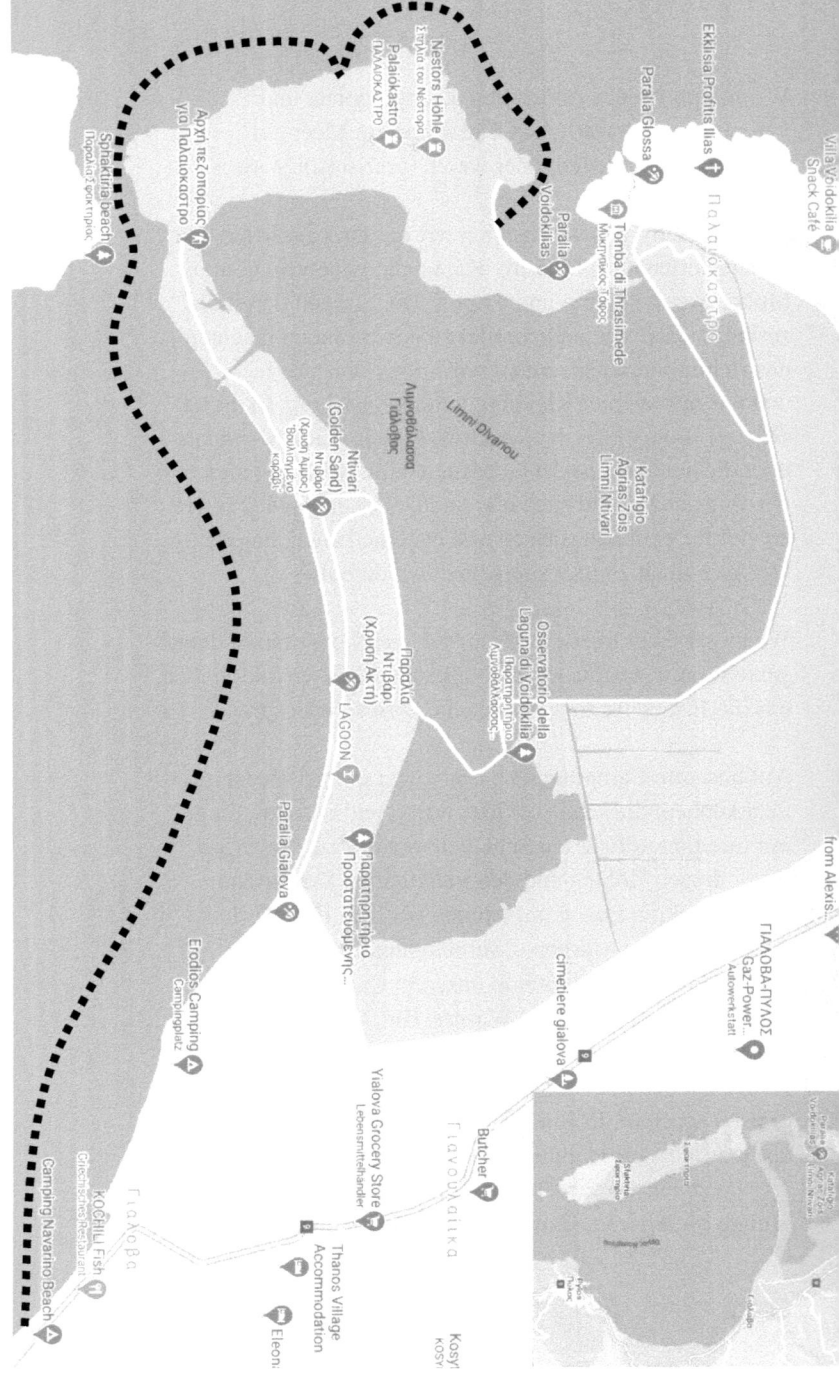

Das Schlauchboot wurde unterhalb der Burgruine, am Sandstrand an Land gezogen und an einem kleinen Baum zusätzlich mit einem Seil gesichert. Dann wanderten wir den Hang zur Burg hinauf, der weiter oben immer steiler wurde. Das Wasser schoss uns bei der Anstrengung aus allen Poren und unsere Kleidung war klatschnass.

Oben in der Navarino Burg verschnauften wir erst einmal und tranken ordentlich viel Mineralwasser, um den Flüssigkeitshaushalt wieder auf Vordermann zu bringen. Danach inspizierten wir das halb verfallene alte Gemäuer, dass für uns durchaus noch sehr interessant war. In u. um die Burgruine sind viele Eidechsen und Schlangen zu sehen, aber auch die total ausgetrockneten Landstriche. Teilweise sind alle Pflanzen, auch die Disteln, großflächig vertrocknet und braun gefärbt. Es ist sehr extrem, was die Sonne hier an Kraft auf die Erde, durch ihr Licht, generiert und das karge Leben der Pflanzen und teilweise der Tiere beendet.

Die Navarino Burg wurde im dreizehnten Jahrhundert einst von den Franken in strategisch guter Lage gebaut. Um genau zu sein, wurde die Burg tausendzweihundertachtundsiebzig durch den Thebener Fürsten Nicolas II. de St Omer als letzte fränkische Burganlage in dieser Region, für seinen Neffen Nicolas III, gebaut. Sie diente für Observierungszwecke und zur Abwehr und hielt über viele Jahrhunderte den Angriffen oder Belagerungen Stand, bevor sie von den Venezianern im fünfzehnten Jahrhundert eingenommen wurde u. immer wieder die Besitzer zwischen den venezianischen und ottomanischen Herrschaftern wechselte. Die Navarino Burg, die von den Einheimischen Griechen "Paleokastro" genannt wir, was so viel wie "die alte Festung" bedeutet, wurde nach dem Bau, der in der Nähe liegenden Pylos Burg, aufgegeben und dem Verfall überlassen.

Seit dem entwickelt sich die einst prächtige Burg immer mehr zu einer romantischen Burgruine und Pflanzen, so wie Tiere übernehmen die Herrschaft über die alten Stein-anhäufungen.

Die Fernsicht von der Navarino Burg ist atemberaubend, es gibt einen wunderschönen Rundumblick, auf die langen Sandstrände, das Hinterland, aber vor allem auf den perfekten Sandstrand Voidokilia Beach, der in Form eines Omegas seine Schönheit zeigt. Dieser Voidokilia Beach zeichnet sich durch einen Halbkreis, wie mit einem Zirkel gezeichnete Geometrie aus, die ganz gleichförmig mit einem hellen und flach ab-fallenden Sandstrand umrandet ist. Danach folgt eine kleine Dünenlandschaft, die mit Gräsern und Büschen punktuell bewachsen ist. In der anderen Richtung ist der Strand durch einen fast parallelen Kanal zum Meer verbunden. Die Fläche des Wassers ist so groß und tief, dass größere Segelboote, Katamarane oder Motorboote in die Bucht fahren können, um dort zu ankern und einen schönen Badetag einzulegen.

Nachdem wir alles in Ruhe besichtigten und ein paar Foto zur Erinnerung an die tolle Aussicht geschossen haben, bewegen wir uns wieder zu unserem Schlauchboot zurück.

Unterwegs, etwa auf halber Höhe des Felshangs schauen wir uns noch die Höhle von Nestor an. Die Höhle mit ihrem großen dreieckigen Eingang war in mykenischer Zeit bewohnt. Nach der Mythologie waren hier die Rinder des Königs Nestor untergebracht. Der Geschichte nach soll Hermes in der Höhle die von Apollon gestohlenen Rinder geschlachtet und die zum trocknen aufgehängten Häute haben sich dann in Stalaktiten verwandelt. Die Höhle ist recht hoch und vor allem schwül, so dass es einen erst recht den Schweiß heraus treibt, zudem suchen hier die Mücken auch Schutz vor der Sonne. Im hinteren Teil findet man kleine Fledermäuse in den Spalten.

Wir sind froh wieder heil am Schlauchboot zu stehen und die Fahrt zum Badestrand, nämlich dem Voidokilia Beach anzutreten. Dazu sind wir knapp fünfzehn Minuten auf dem Wasser und genießen die Zugluft durch den frischen Fahrtwind auf dem grauen Schlauchboot.

Dieser Strand ist sicherlich der schönste Strand von der Peloponnes. Von der Burg war der Blick schon fantastisch, aber vor Ort ist er noch beeindruckender. Der Voidokilia Beach, der von den Einheimischen "Ochsenbauchbucht" genannt wird, besitzt einen sehr schönen flachen Sandstrand, dessen Meerwasser, bedingt durch die recht flache und eingeschlossenen Bucht, wärmer als am offenen Mittelmeer ist. Hier lässt es sich hervorragend schwimmen, schnorcheln und natürlich in der Sonne faulenzen. Wer Schatten sucht ist hier falsch am Platz, denn Bäume oder andere natürliche Schattenspender gibt es nicht. Dann muss der eigene Sonnenschirm mitgebracht werden. In den Dünen sind ebenso Echsen und Schlangen zu finden, aber auch Wasservögel nutzen die natürliche Umgebung zwischen dem Meer und den Dünen.

Wir haben so richtig Hunger bekommen und genießen nun das mitgebrachte kalte Fleisch in Form von Grillhähnchen, frisches Brot, Oliven, Tomaten, Gurken und kleine Zwiebeln. Dazu gibt es Mineralwasser und für die Erwachsenen einen kräftigen Rotwein, mit richtig viel Umdrehungen. Nach dem späten Mittagessen kommt unser Schlauchbootfahrer freudestrahlend an und zweigt uns ein eisgekühltes Sixpack Bier. Ich fragte ihn, wie das funktioniert bei dieser Hitze. Er hatte extra eine Thermobox mit Trockeneis ganz unten in der Holzkiste, auf seinem Schlauchboot, gut isoliert eingepackt. So konnte er das gute Getränk kühl und frisch lagern. Das Bier schmeckte hervorragend und danach waren alle so müde, dass für eine gute Stunde absolute Funkstille war, nur das Schnarchen der Herren war ab und an zu hören.

Nach dem entspannten Nickerchen schwammen und schnorchelten wir noch eine Zeit lang und machten uns danach, mit dem Schlauchboot, auf den langen Rückweg.

Auf der Fahrt, mit dem Schlauchboot, zu unserem Campingplatz, sahen wir noch die Stadt und die Burg in Pylos, die deutlich später erbaut wurde als die alte Navarino Burg, die wir zuvor bestiegen haben.

Obwohl wir uns gut eingecremt hatten, entdeckten wir am Abend einen schönen Sonnenbrand bei jedem, der für zusätzliche Wärme in der Nacht sorgte.

Nach einem weiteren relaxten Tag am Strand in Pylos, tankten wir die Transalp voll und packten am Abend, prüften alle wichtigen technischen Details und fetteten die Kette am Motorrad.

Ganz früh am nächsten Morgen bauen wir das Zelt ab und starten die Fahrt auf unserer Transalp nach Athen, dazu fahren wir von Pylos in Richtung Kalamata über die Städte Cilliochoria und Messini. Kurz nach Messini biegen wir auf die Autobahn A7 über Tripolis nach Korinth. Eigentlich ist ein Verfahren auf der Autobahn nicht mehr möglich, denn es geht einfach nur nach Athen und die Stadt steht auf jedem Schild an der Autobahn. Bei Korinth fahren wir über den künstlich angelegten Kanal von Korinth, der das Festland von der Peloponnes trennt. Dieser Kanal wurde in die Felsen gehauen, leider können ihn nur kleinere bis mittelgroße und schmale Schiffe passieren, die Ozeanriesen finden hier keinen Platz für eine Durchfahrt. Nach Korinth fahren wir auf der Autobahn A8a über Agiori Theodoroi, Megara und Elefsina nach Athen, direkt in die Innenstadt der Weltmetropole.

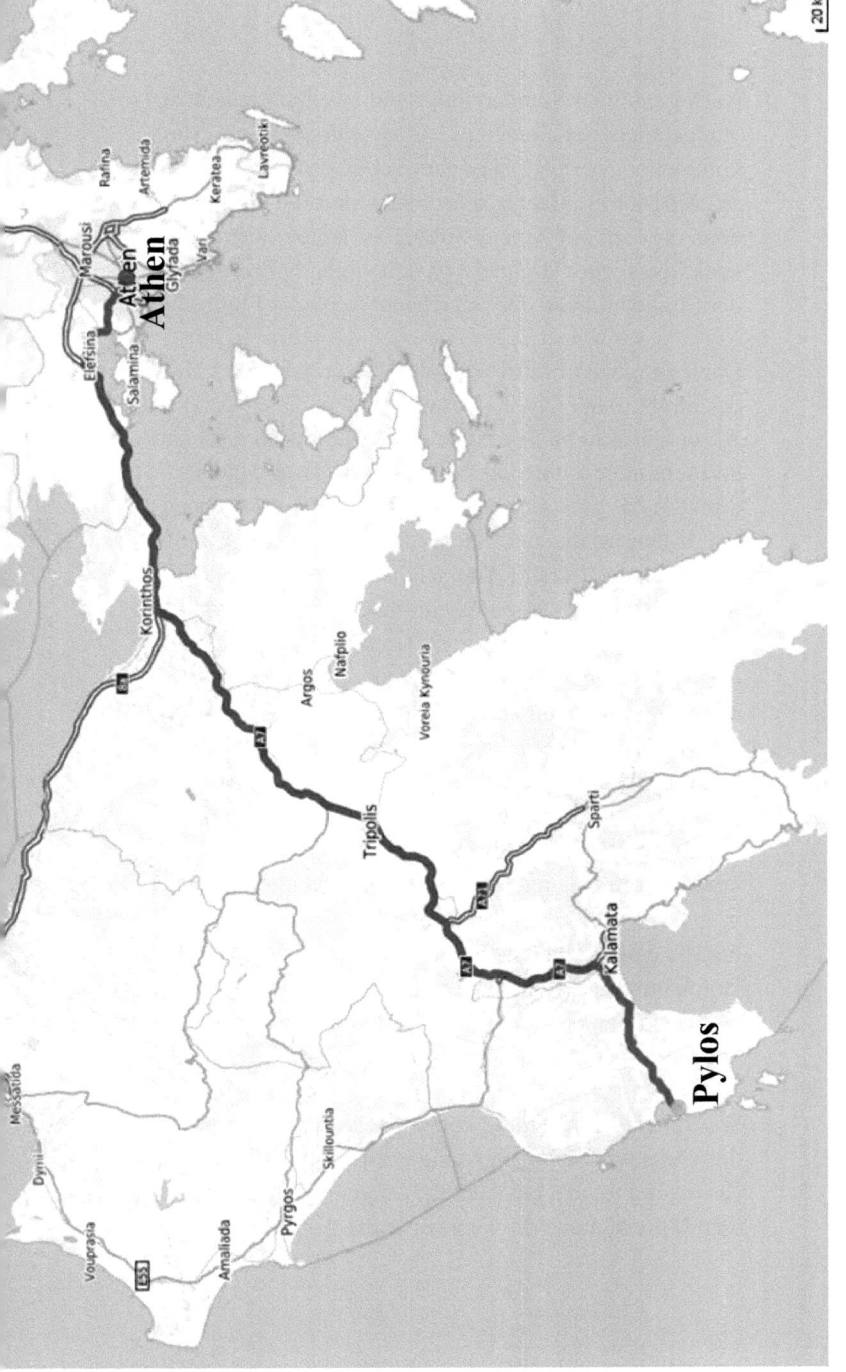

Nach guten vier Stunden Fahrt und zweihundertachtzig zurückgelegten Kilometern, so wie vierzehn Euro Maut, kommen wir gesund, aber ganz schön erschöpft in Athen an. Als Motorradfahrer spürt man sofort die Großstadt, denn die Luft auf Athens Straßen ist leider nicht gut, es stinkt quasi zum Himmel von den vielen Fahrzeugen auf der Straße und von den Schiffsmotoren oder Flugzeugen.

Dank dem Navi finden wir sofort unser gebuchtes Hotel, das direkt in der City liegt und uns einen Blick auf die Akropolis erlaubt. Das ist natürlich für uns eine schöne und sehr angenehme Umstellung vom Campingplatz direkt in das gute vier Sterne Hotel "B4B" zu wechseln. Wir haben für die eine Nacht rund hundertzehn Euro mit Frühstück bezahlt. Das schöne Hotel bietet alles was wir für eine kurze Besichtigung der Innenstadt mit der Akropolis benötigen. Durch die zentrale Lage des Hotels können wir alles zu Fuß oder mit dem Zug einfach, schnell und kostengünstig erreichen. Denn mit dem Motorrad und der schwarzen Motorrad-kleidung macht das in der großen Weltstadt, mit dem dichten Verkehr und der aufgestauten Wärme keinen großen Spaß. So können wir die Transalp abstellen und checken uns in das hochwertige Hotel "B4B" ein.

Für die eine Nacht haben wir nur das nötigste in das Hotelzimmer mitgenommen, denn Bademantel und alle wichtigen Assessors für das Bad werden im Hotel kostenfrei bereit gestellt.

Wir sind froh uns nun in kurzen Hosen und T-Shirt die Weltstadt Athen ein wenig anzuschauen. Die Bewegung tut uns gut nach der langen Anreise auf dem Motorrad und der Fahrt über die Autobahn.

In Athen war ich schon oft und mich begeistert immer wieder der Blick über das Häusermeer, das auf dem Foto nicht ganz so gut raus kommt wie im realen Bild. Wenn die Sonne gut scheint, dann wirkt das Häusermeer wie ein weißes Feld, nur die dunklen Abgase schweben leider oft über die Stadt.

Robin ist das erste Mal in Athen u. er ist ebenso beeindruckt wie ich. Auf dem Fußweg zur Akropolis erzähle ich ihm ein wenig über die Weltstadt Athen, die oft auch besungen wird.

Athen, die griechische Hauptstadt mit offiziell rund vier Millionen Einwohnern, wobei wegen der fehlenden Melde-pflicht deutlich über fünf Millionen Einwohner geschätzt werden. Die größte Stadt bezüglich der Fläche u. Bewohner in Griechenland teilt sich in die Regionalbezirke Athen-Zentrum mit achtundachtzig Quadratkilometer Fläche, Athen-Nord mit hundertvierunddreißig Quadratkilometer Fläche, Athen-Süd mit rund siebzig Quadratkilometer Fläche, Athen-West mit achtundsechzig Quadratkilometer Fläche u. das berühmte Piräus mit einundfünfzig Quadratkilometer Fläche, auf. Athen bildet das Zentrum von Griechenland, alle kulturellen, historischen und wirtschaftlichen Belange werden hier in dieser wichtigen Metropole gesteuert. Der Flughafen, so wie der Hafen von Piräus regeln den Flug-verkehr, bzw. die Schiffsverbindungen zu den vielen Inseln des Landes und der Welt.

Durch die erste Besiedelung Athens in der Jungsteinzeit ist die Stadt einer der ältesten Siedlungen in Europa. Im Jahre neunzehnhundertfünfundachtzig wurde Athen die erste Kulturhauptstadt in Europa. Bereits im Jahre neunzehn-hundertsiebenundachtzig wurde die Akropolis und das Kloster Daphni drei Jahr später in die Liste des Welt-kulturerbes der UNESCO aufgenommen.

In den knappen zwei Tagen können wir natürlich nicht ganz Athen anschauen, aber so ein paar Highlights haben wir uns herausgepickt.

Der erste Weg führt uns zur Akropolis, der bekanntesten Stadtfestung des antiken Griechenlands. Den ältesten Stadtteil Athen ließ Perikles nach der Zerstörung durch die Perser unter Leitung des berühmten Bildhauers Phidias von den Architekten Iktinos, Kallikrates und Mnesikles neu bebauen. Auf einem hundertsechsundfünfzig Meter hohen Felsplateau stehen die im Jahre vierhundertsiebenundsechzig bis vierhundertsechs vor Christus erbauten Propyläen, dem Erechtheion, dem Niketempel u. der Parthenon. Im letztgenannten stand eine Statue der Göttin Athene, die u.a. aus Gold und Elfenbein gebaut wurden. Ein verkleinertes Duplikat dieser Statue wird im Archäologischen Nationalmuseum in Athen dem Publikum gezeigt.

Der Burgberg, der im Herzen von Athen liegt wurde der Stadtgöttin Athene geweiht. Erste Siedlungsspuren weisen sogar bis in das vierzehnte Jahrhundert vor Christus hin. Zu dieser Zeit wurde Athen durch Attikas kontrolliert und verwaltet. Es war auch der Sitz des Königs. Erst viel später, im dreizehnten Jahrhundert vor Christus wurden die Wehrmauer um den Palast errichtet, die ebenso um die Quelle u. somit der wichtigen Wasserversorgung gebaut wurde. Zu einem späteren Zeitpunkt, im demokratischen Athen wurde der Tempelbezirk als Sitz der Götter ausgebaut und die Verteidigungsfunktion der Wehrmauer verlor seine Funktion. Durch den Sieg über die Perser wurde Athen als Vormacht des Attischen Seebundes ab vierhundertachtundvierzig vor Christus zum Zentrum der hellenischen Welt. Der Glanz und Reichtum dieser Stadt wurde damals durch gewaltige Bauwerke demonstriert.

Ebenfalls auf dem Weg zur Akropolis aßen wir ein paar süße Stückchen vom Bäcker und tranken dazu ein Wasser. Wir wollten erst am Abend, in aller Ruhe und ganz gemütlich, in eine traditionelle Taverne einkehren und traditionell speisen.

Als wir die Eintrittskassen erreicht hatten, bildeten sich dort lange Warteschlangen, obwohl der Preis für eine erwachsene Person zwanzig Euro beträgt und Kinder oder Schüler fünfzig Prozent bezahlen müssen. Dreißig Euro empfand ich relativ viel, aber wenn wir schon mal hier sind .... Übrigens ein Tipp, wer über die Wintermonate die Akropolis anschaut und den Sonntag als Besuchstag wählt, der hat freien Eintritt.

Die Gebäude der Akropolis sind schon gewaltig, wenn man direkt davor steht. Die Vorstellung, dass die Menschen früher alles von Hand aus den Felsen gehauen haben und danach die massiven und schweren Steine oder Säulen errichteten, ist schon sehr beeindruckend. Ich will nicht meckern, aber ich sehe über all die Jahre nur einen geringen Fortschritt des Aufbaus, aber vielleicht ist dies nicht so leicht zu sehen. Wir laufen relativ dicht gedrängt durch die gewaltige Anlage und schießen hier und da auch ein Foto auf schöne umliegende Tempelanlagen und Gebäude. Auch hier gibt es wunderschöne große Tempel mit gewaltigen massiven Säulen, z.B. sind auf dem einen Foto rechts neben den Rundsäulen zwei Menschen, daran lässt sich die Größe der Säulen gut erkennen. Wir schauen uns alles in Ruhe an und bekommen einiges erklärt. Das Panorama von der Akropolis ist fantastisch und kann leider nur schwer mit dem Foto eingefangen werden.

Auf dem Rückweg laufen wir Richtung Bahnhof und sehen uns dabei auch alte und historische Ausgrabungsstätten an. Am Bahnhofsvorplatz, dem Platz des Odos Ermou, sehen wir die älteste Kirche von Athen, die aus Feldsteinen gemauert wurde und ein abgesetztes rot-braunes Ziegeldach besitzt.

Diese einfache mittelbyzantinische Kreuzkuppelkirche aus dem elften Jahrhundert, mit ihrem gelb-weiß verputzen Turm und dessen roter Rundkuppe wurde der Muttergottes geweiht. Die Kapnikarea-Kirche wurde auf den Grundmauern eines antiken Tempels errichtet u. ihr Name beruht vermutlich auf dem Beruf des Stifters.

Wir schlendern noch ein wenig durch die Stadt und besuchen die Markthalle mit ihren alten, grün gestrichenen gusseisernen, Stahlträgern. Hier gibt es Unmengen an frischem Fleisch in allen Varianten, immer mit dem Kopf u. den Füßen, so dass der Käufer sofort erkennt um welches Tier es sich handelt. Aber auch frischer Fisch aller Art ist auf den eisgekühlten Flächen der Verkäufer zu finden. Selbstverständlich fehlen auch keine Marktstände mit frischem Obst oder Süßigkeiten.

Auf dem Fußweg durch die große Stadt Athen entdecken wir noch das eine oder andere an schönen Gebäuden und Kirchen. Bis wir erschöpft, von dem langen Tag, in einer kleinen und gemütlichen Taverne, mit traditioneller griechischer Einrichtung, es uns gemütlich machen. Robin ordert ein gegrilltes Schweinekotelett mit Pommes, Tzatziki, Oliven und ein Stück paniertem Schafskäse. Ich entscheide mich stattdessen wieder für die leckeren gegrillten Lammkoteletts mit den gleichen Beilagen. Jeder bekommt einen klassischen Griechischen Salat dazu. Robin trinkt wie immer eine Kola und ich probiere den griechischen Rotwein des Hauses. Selbstverständlich gibt es auch hier vor und nach dem Essen einen Ouzo aufs Haus. Zum Nachtisch gönnen wir uns einen "Galaktoboureko", das ist ein in Sirup getränkter buttriger Grießpudding, der das Lieblingsdessert der Griechen ist. Alles schmeckte prima in der einfachen Taverne. Sogar der rote Hauswein war geschmacklich recht gut. Danach beendeten wir diesen anstrengenden, aber sehr interessanten Tag in Athen und liefen in unser Hotel, um dort in Ruhe zu nächtigen.

Wir hatten eine gute Nacht in den bequemen Betten des Hotels und nach dem überaus guten Frühstück starteten wir den Fußweg zum Bahnhof und fuhren mit dem Zug bis zur Endstation Piräus. Der kleine historische Bahnhof besteht nur aus zwei Bahngleisen, die von einer grünen Stahlkonstruktion mit einem Glasdach überdacht sind. Seitlich wurde alles in gelbem Mauerwerk gestaltet.

Wir liefen aus dem Bahnhofsgebäude und sahen direkt auf den Hafen von Piräus. Es lagen viele große Schiffe im Becken, darunter auch gigantische Kreuzfahrtschiffe.

Wir bewegten uns parallel der Wasserlinie entlang und schauten uns das eine oder andere interessante Gebäude an. Besuchten den Fischmarkt von Piräus und gönnten uns in einer Eisdiele ein italienisches Eis.

Wie schon erwähnt, ist der Hafen von Piräus der größte Seehafen Griechenlands und einer der größten im gesamten Mittelmeerraum. Mit über zwanzig Millionen Passagieren stellt er den größten Passagierhafen Europas dar. Auch der Containerverkehr ist mit Abstand der größte Umschlagplatz aller Häfen im Mittelmeerraum. Weltweit gesehen liegt der Hafen von Piräus unter den Top vierzig Häfen der Welt.

Nachdem wir uns ein paar Stunden Piräus zu Fuß angeschaut hatten, liefen wir zurück zum Bahnhof und fuhren wieder zum Hotel zurück. Das Motorrad war so gut wie gepackt und schon konnten wir die lange Fahrt nach Kastro Kyllini antreten. Bevor wir auf die Autobahn fahren, füllen wir nochmals den Tank der Transalp, ausnahmsweise bis zum Tankdeckel. Weil wir sofort weiter fahren ist dies auch kein Problem, aber so haben wir eine deutlich weitere Reichweite mit dem Motorrad.

Von Athen nach Kastro Kyllini sind es 330 km

Kastro Kyllini

Athen

Wir fahren die gleiche Strecke auf der Autobahn
A8a und A7 zurück, wie wir nach Athen angereist sind.
Kurz nach dem Ort Nestani biegen wir rechts ab u. fahren
von der A7 auf die Landstraße 74 Richtung Pyrgos und
Olympia. Die Strecke auf der Landstraße 74 macht auf
unserer Transalp wieder richtig Spaß und verlangt ein
wenig Konzentration vom Motorradfahrer. Ganz anders
als die vielen Kilometer auf der Autobahn. Wir fahren
über die Ortschaften Kapsi, Neos Kardaras, Levidi,
Vlacherna, Kampeas, Karkalu bis nach Lagkadia.
Diese Teilstrecke ist sehr schön zu fahren und von
den Kurven ganz o.k.. Es zieht sich, aber wir kommen
noch ganz gut voran, zumal die Strecke kaum befahren ist.
In Lakadia gibt es einen kurzen Stopp, um etwas Wasser
zu trinken und um die Blase zu leeren. Die Weiterfahrt
von Lagkadia bis Lefkochori ist extrem kurvig und mit
starkem Gefälle, das macht richtig Fahrspaß, aber mit
einem voll beladenem Fahrzeug ist hier auch Vorsicht
geboten, zumal ich meinen Sohn auf dem Sozius habe
und deshalb nichts riskieren darf. Denn ein Unfall mit
möglicherweise schweren Folgen würde meine Frau mir
nicht verzeihen. Die Bremsen der Transalp haben auf
diesem Teilstück viel zu leisten und werden richtig heiß.
Von Lefkochori über Stavrodromi, Kalliani bis Tompitsi
lassen die heftigen Kurzen etwas nach und die Lage
entspannt sich ein wenig, es ist aber immer noch kurvig.
Der Straßenbelag ist nicht der Beste, hier ist mit Fahr-
bahnschäden zu rechnen. Von Tompitsi über Dafni,
Bertsia bis nach Koklama sind nur große und leicht zu
fahrende Kurven, die oftmals ein langes gerades Stück
dazwischen haben. Ab Koklama über Livadaki, Vasilaki,
Louvron, Gyros bis Moura sind wieder stärkere Kurven
und starkes Gefälle zu fahren. Zwischen Moura u. Linaria
werden die Kurven wieder größer und sind entspannter
zu fahren.

Ab Linaria über die kleinen Orte Agios Georgios, Stefio bis Varvasaina läuft die Strecke sehr entspannt, das Gefälle und die engen Kurven weichen den Standardstraßen auf der Peloponnes. Die schöne Bergstrecke auf der Landstraße 74 endet nun und wir fahren nach Varvasaina auf der uns bekannten Europastraße 55 nach Pyrgos. Von Pyrgos bis Kastro kennen wir die Strecke und können diese auch entsprechend gut fahren. Unterwegs tanken wir vorsichtshalber, damit wir nicht Gefahr laufen in den nächsten Kilometern auf den Reservetank schalten zu müssen. Nach dreihundertdreißig zurückgelegten Kilometer, guten fünf Stunden auf der Transalp und rund neun Euro Maut für die Autobahn, erreichen wir unser heutiges Tagesziel, den Campingplatz "Camping Fournia Beach & Fournia Village" am Strand von Kastro.

Der Campingplatz am "Kastro Beach", mit Sandstrand, bietet mit seinen drei Sternen für das Hotel und den Campingplatz einen sehr guten Standard. Zumal es auf dem Gelände zwei Süßwasserpools gibt, an dem die Liegen u. Liegestühle kostenfrei genutzt werden dürfen. Es gibt Stellplätze in Parzellen, die mit Hecken umrandet sind und wahlweise im Schatten oder der Sonne liegen. Der Platz bietet ein Restaurant, Supermarkt, so wie eine gute sanitäre Einrichtung. An der Rezeption werden wir freundlich empfangen u. dürfen uns anschließend, nach dem Einchecken einen Platz aussuchen. Wir wählen eine Parzelle, die eigentlich viel zu groß für unser Igluzelt ist, aber sie liegt halb im Schatten und unweit zum Pool. Für das Aufstellen unseres mitgebrachten Igluzeltes, dem Motorrad, Robin u. mich kostete uns die Nacht auch hier rund dreißig Euro, weil wir länger dort blieben, bekamen wir auch hier eine Nacht geschenkt.

Da wir erst am Abend ankamen mussten wir gleich
unser Zelt aufbauen und uns häuslich einrichten.
Nachdem das Igluzelt stand, die Luftmatratzen auf-
gepumpt und die Schlafsäcke darüber ausgerollt waren,
gab es kein Halten mehr für uns und wir rannten in der
Badehose zum Pool, um mit den letzten Sonnenstrahlen
des Tages noch ein erfrischendes Bad im Pool zu nehmen.

Nach dem Entspannungsprogramm am Pool liefen wir
zu unserem Platz zurück und fuhren mit kurzen Hosen
und T-Shirt, natürlich mit Helm, zu unserem Lieblings-
restaurant "Alonysos", um dort ein leckeres Abendessen
einzunehmen.

Der Wirt im "Alonysos" erkannte uns sofort und begrüßte
uns sehr freundlich und ganz familiär. Das Essen war so
lecker wie immer und auch die Freigetränke vor und nach
dem Essen waren hier wie immer selbstverständlich, so wie
es jedes Mal nach dem Essen eine Zugabe des Hauses gab.
Dieses fantastische Restaurant besuchten wir mindestens
jeden Abend, manchmal auch über Mittag in der restlichen
Zeit, die wir auf der Peloponnes am Sandstand von Kastro
verbrachten.

Wir unternahmen noch ein paar Motorradausflüge, z.B. zu
dem großen See "Limni Pineiou" in der Nähe von Kastro,
oder andere kleine interessante Orte oder Landschaften.
Unterwegs kehrten wir immer gerne in so kleine Läden ein,
die vor dem Geschäft ein paar Tische und Stühle aufgestellt
hatten und u.a. ihren selbst hergestellten Wein, frisches Brot,
Oliven, Schinken und / oder Käse anboten.

Ansonsten genossen wir das Faulenzen am Pool oder dem
schönen blauen Meer mit dem natürlichen und fast leeren
Sandstränden um unseren Campingplatz.

Nach einer entspannten Woche in Kastro starten wir
mit der vollgepackten Transalp zur Fähre nach Patras,
um mit dem Schiff nach Venedig zu gelangen und
von dort wiedermal in unser Übernachtungshotel nach
Kötschach-Mauthen zu fahren. Auf der letzten Etappe
dieser Reise fahren wir ganz gemütlich auf unserem
Motorrad über die Alpen nach Illingen Württemberg
in unsere schwäbische Heimatgemeinde.

Es war eine fantastisch tolle Zeit, die ich ein paar Wochen,
mit unserem Sohn Robin, auf der schönen Peloponnes
verbringen durfte. Diese herrliche Auszeit mit dem Sohn,
dem Motorrad und der wunderschönen, fast unberührten
Natur auf den Peloponnes, möchte ich in meinem Leben
nicht missen. Ich kann nur jedem Motorradfahrer u. Vater
so eine schöne Reise, mit seinem Kind, auf dem Motorrad
empfehlen. Das ist eine wertvolle Zeit, die man nie mehr
in seinem Leben vergessen wird und in ewiger und guter
Erinnerung bleibt.

Ich bin dankbar, dass wir in den über dreitausendachthundert
Kilometern auf unserem robusten und absolut zuverlässigen
Motorrad Honda Transalp keine technischen Probleme hatten
und die über fünfundfünfzig Fahrstunden ohne jegliche
Gefahren überstanden haben. Denn auf dem Motorrad ist
das nicht immer selbstverständlich, auch wenn man selber
absolut vorsichtig und umsichtig unterwegs ist.

Widmung

Dieses Buch entstand, um einen kleinen Einblick in die Peloponnes, mit seinen wunderschönen Landschaften und seiner alten Kultur, aus der Sicht eines Motorradfahrers zu geben. In der Hoffnung und mit der Motivation, dass weitere Biker sich Griechenlands Peloponnes anschauen, um selbst die Schönheit des Landes erleben zu können. Auch um sich in der schweren Zeit unter dem Stern COVID-19 an etwas Schönem zu erfreuen .

Dieses Buch widme ich unserem Sohn Robin, der sich vorbildlich, tapfer, umgänglich und zuverlässig auf der Motorradreise verhalten hat, auf der wir eine fantastische Zeit verbrachten und diese in unseren Herzen festhalten.

Es wurde viel Freizeit gewidmet, die nötig war um dieses Buch zu erstellen, deshalb geht ein großes Dankeschön an meine kleine Familie und unseren Freunden. Danke auch an meine liebe Frau Silvia, die mir großzügig die lange Motorradreise mit unserem Sohn Robin und meiner Honda Transalp genehmigte.

Ein herzliches und liebes Dankeschön an Yvonne, die mich durch ihre Wissbegierde und manche Anmerkung motiviert das Schreiben fortzuführen und zweckdienliche Hinweise einbringt.

eröffentlichte Bücher von Wolfgang Pade